COMPRENDRE ET SE FOCALISER SUR L'ESSENTIEL

UN OUVRAGE POUR REVEILLER LA CONSCIENCE ET SUSCITER L'ENGAGEMENT

REVERANT PASTEUR BAJICKY JOËL ISRAËL

Table des Matières

Ma prière   **5**
Remerciement   **6**
Avant - propos   **8**
Introduction   **10**

---

1. Comprendre   **13**
2. Ce qui a réalisé   **23**
3. Faire valoir son potentiel   **32**
4. Ce qui est essentiel   **44**
5. Quel est ton combat   **54**

6. Verbes énergique   **59**
7. Les verbes conjuguée...   **73**
8 Ce qui est à connaître.   **100**
9. Des armes de Dieu   **117**
10. Saisir la vie éternelle   **167**

Ma prière :

Je rends grâces à Dieu pour la vie de toute personne qui lira cet ouvrage, que Le Saint-Esprit de Dieu éclair vos pensées et qu'il vous accorde la connaissance de la parole puissante de Dieu, afin que vous sachiez ce qui est essentiel pour votre vie, afin que vous soyez prêt pour le retour du Seigneur Jésus-Christ.
Qu'il réalise quelque chose de nouveau en vous.

REMERCIEMENT

Je dis merci à Dieu, Le Tout puissant, Le Seigneur Jésus Christ, celui qui m'a donné l'inspiration et la connaissance pour écrire cet ouvrage ; et au Saint Esprit quia guidé mon esprit pour avancer pas à pas jusqu'à l'achever.

Merci à ma charmante épouse Bénie Bajicky pour son aide et son soutien spirituel et physique, afin que cet ouvrage voie le jour. À mes enfants, Zion, Kenayah, Anaïs, Mathéo Joël.

À mon Église chrétienne la main de Dieu et mes collaborateurs, Chavda Mpengo et Aime Mputu Dumbo.

Á tous mes enfants spirituels.

À mes défunts parents spirituel :
Papa et Maman Olangi.

À mon père, mon mentor :
Bishop Kabeya Néhémie Kiesse

À mes compagnons d'œuvre Pasteur
Willy Musenge Kibwe, Église Peniel
International Menen
Dr Léon Kikota, Église Colonne de vérité
Anvers
Pasteur Zeferino Mutayia, Eglise Shalom
Tienen
Pasteur Delpech Mvuama Église Flamme
de Dieu, Anvers
Pasteur Innocent Phanzu, Eglise Christ
Roi
Pasteur Gédéon Kayembe,
Adorateur Jean Philippe Abedi,
Disciple Toto Mabunga.

AVANT-PROPOS

Nous commençons cet ouvrage par une bonne observation générale que le roi Salomon a eue sur le temps.
Ecclésiaste 3 : 1-8

UN TEMPS POUR TOUT.

Le choix du moment pour une activité est important. Tous les événements énumérés ici ont leur place, à un moment précis.

Le secret de la paix avec Dieu consiste à découvrir, accepter et apprécier son calendrier.

Le danger est de douter du moment choisi par Dieu ou de ne pas l'apprécier.

Cela peut conduire au désespoir, à la révolte ou à l'ignorance de son conseil.

Verset.8

Un temps pour aimer, et un temps pour haïr ; ...

Il ne s'agit jamais de détester ou haïr les hommes, mais leur mauvaise manière d'agir.

Nous devrions détester que des êtres humains soient maltraités, que des enfants meurent de faim et que Dieu soit déshonoré.

Nous devrions détester le péché dans notre vie.
Nous devrions adopter l'attitude de Dieu face au mal. Psaume 5 : 5

"Car tu n'es point un Dieu qui prenne plaisir au mal ; le méchant n'a pas sa demeure auprès de toi."

INTRODUCTION

Dieu nous a créés et il a tout prévu pour que nous puissions avancer et réussir notre mission sur la terre. Mais pour réussir nous devons chercher à savoir ce qui est essentiel pour nous, afin d'établir nos priorités. 1 Corinthiens 10 : 23

Louis Second Bible
" Tout est permis, mais tout n'est pas utile ; tout est permis, mais tout n'édifie pas."

Martin Bible
" Toutes choses me sont permises, mais toutes choses ne sont pas convenables ; toutes choses me sont permises, mais toutes choses n'édifient pas."

Darby Bible
Toutes choses sont permises, mais toutes choses ne sont pas avantageuses ; toutes choses sont permises, mais toutes choses n'édifient pas.

Que ce qui est utile pour vous ?
Est-ce les péchés, l'ivresse, l'impudicité,
l'adultère ?...
Si cela est utile pour vous, en quoi cela
vous avance-t-il ?

Que le Saint-Esprit de Dieu vous aide à
répondre à cette question et prendre une
bonne décision.

Il est très important et primordiale de
Connaître ses priorités, pour sa vie.

Savoir reconnaître ce qui est utile,
convenable, avantageux, pour notre
évolution.

Ce qui n'est pas essentiel pour notre vie,
nous freine, nous stagne, nous empêche
d'aller de l'avant. Nous avons un choix à
faire, c'est notre responsabilité.

Lorsque vous ne savez pas ce que vous êtes et ne reconnaissez pas ce qui est essentiel, utile ou avantageux pour vous ; vous vous dévalorisez vous-même.

CHAPITRE UN
COMPRENDRE

I. COMPRENDRE

Nous devons commencer cet ouvrage par chercher à comprendre ce que nous sommes.

1. Définition de comprendre :
Se rendre compte de l'importance de soi et celui de l'autre.

2. Qui sommes-nous ?
Nous sommes des dieux, des êtres supérieurs parmi toutes ses créatures.
Psaumes 8 : 4 - 8
" 4 Qu'est-ce que l'homme, pour que tu te souviennes de lui ? Et le fils de l'homme, pour que tu prennes garde à lui ? 5 Tu l'as fait de peu inférieur à Dieu, et tu l'as couronné de gloire et de magnificence. 6 Tu lui as donné la domination sur les œuvres de tes mains, Tu as tout mis sous ses pieds,

7 Les brebis comme les bœufs, Et les animaux des champs, 8 Les oiseaux du ciel et les poissons de la mer, Tout ce qui parcourt les sentiers des mers."

Psaumes 82 : 5 - 7

" 5 Ils n'ont ni savoir ni intelligence, Ils marchent dans les ténèbres ; Tous les fondements de la terre sont ébranlés. 6 J'avais dit : Vous êtes des dieux, vous êtes tous des fils du Très-Haut. 7 Cependant vous mourrez comme des hommes, Vous tomberez comme un prince quelconque."

A. Se rendre compte de l'importance de soi-même.

L'Éternel Dieu nous fait voir qui nous sommes réellement, la valeur que nous avons auprès de lui. Nous sommes le centre de sa création, tout ce qui existe, est palpable, parce que Dieu avait un projet de créer celui qui sera son reflet.

Genèse 1 : 26-27

Quand nous nous rendons compte de l'immensité de la création, nous nous demandons comment Dieu peut encore se soucier de nous, alors que nous le décevons constamment. Pourtant, il nous a créés de peu inférieur à lui et aux anges ; Quand nous sommes tentés de mettre notre valeur personnelle en question ou en douter, rappelons-nous que nous avons un grand prix aux yeux de notre créateur. Il nous a couronné de gloire et d'honneur, nous ne sommes ni des moindres, ni des inutiles.

La valeur que Le Seigneur nous accorde devrait faire disparaître tout sentiment de nullité.

Quand nous prenons conscience de la grandeur de Dieu et de son amour envers nous, un créateur Tout puissant, qui prend soin de nous, nous ne pouvons qu'éprouver un profond respect face à sa

majesté ; s'humilier devant lui et lui montrer notre petitesse.
Son amour envers nous, l'a poussé à nous conférer une grande autorité en nous confiant la gestion de la terre.
Voilà que vous êtes très importants pour Dieu et pour les autres, pour votre famille et aussi pour l'humanité.

L'autorité emmène la responsabilité. Si nous possédons un animal, nous jouissons légalement de l'autorité nécessaire pour faire de lui ce que nous voulons, mais nous avons aussi la responsabilité de le nourrir et de nous en occuper.
C'est au travers de vous, que votre famille trouvera une issue favorable pour être secourus et sauver.
Quel est votre comportement vis-à-vis de la création et de vous-même ?

Sachez-le de tous ce que Dieu a créés et qui existent sur la terre est sous l'autorité de l'Homme.

Dieu vous rend supérieur de tous ce qui existent et il fait de toi un dieu devant tous ce qu'il a créés, capable de faire exister la chose, la nommer et la supprimer aussi.

Vous n'êtes pas moindre, mais vous êtes des dieux, parce que vous représentez Dieu sur la terre. Vous êtes une réponse pour l'humanité, ne vous voyez pas comme un malheur ou un échec, vous n'êtes pas ce que les hommes disent que vous êtes, mais ce que Dieu dit ; reconsidérer votre position.

Nous sommes des dieux, des êtres supérieurs de toutes ses créations.

B. Se rendre compte de l'importance de l'autre.

Dieu nous a enseigné dès la création sur l'importance de l'autre, car le travail d'ensemble porte plus des fruits ; sans l'autre il n'y a pas d'unité et sans l'unité on ne peut pas vaincre.

Genèse 1 : 26

Première paragraphe dit ceci :

Puis Dieu dit : Faisons l'homme à notre image, selon notre ressemblance,

Le créateur nous montre l'exemple comment travailler ensemble dans l'humilité ; Lui qui avait le projet de créer l'humanité, il a associé le Saint Esprit et son fils afin qu'ils participent au projet.

Pour réussir à bien vivre sa vie et à être heureux, il faut savoir que la force se trouve dans l'unité et dans l'humilité.

Ne négliger personne ; l'autre est très important pour ta réussite.

Philippiens 2 : 1 à 4

" 1 Si donc il y a quelque consolation en Christ, s'il y a quelque soulagement dans la charité, s'il y a quelque union d'esprit, s'il y a quelque compassion et quelque miséricorde, 2 rendez ma joie parfaite, ayant un même sentiment, un même amour, une même âme, une même pensée. 3 Ne faites rien par esprit de parti ou par vaine gloire, mais que l'humilité vous fasse regarder les autres comme étant au-dessus de vous-mêmes. 4 Que chacun de vous, au lieu de considérer ses propres intérêts, considère aussi ceux des autres."

Certaines personnes, y compris des chrétiens, vivent seulement pour faire une bonne impression aux autres ou satisfaire leurs envies, en réalité ils n'ont pas la considération des autres ; ils font des choses pour leurs propre intérêt et non pour les autres.

L'égoïsme est source de discorde. Par conséquent, Paul met l'accent sur la cohésion spirituelle et appelle les Philippiens (hommes) à s'aimer et à avoir un même état d'esprit et un but ; afin de bien vivre sa vie, mais pas de la gagner, car Christ a gagné pour que nous puissions la vivre.

Lorsque nous œuvrons ensemble et faisons preuve de sensibilité envers les problèmes des autres, nous imitons Christ, qui plaçait l'intérêt d'autrui avant les siens, et nous expérimentons l'unité.

Ne nous soucions pas de l'impression que nous ne donnons ni de nos propres besoins au point d'endommager les relations dans l'église, qui est la famille de Dieu et envers d'autres.

L'égocentrisme peut démolir une église, la famille et l'amitié, tandis que l'humilité sincère peut l'édifier, la construire et la mener dans la gloire.

L'humilité n'est pas se dénigré, ni un synonyme de mépris. **Romains 12 : 3**

Certains chrétiens se méprisent eux-mêmes, tandis que d'autres se surestiment. Le secret d'une évolution honnête de nous-mêmes réside dans la certitude que notre identité et notre valeur personnelle se trouvent en Christ. En dehors de lui, nous ne sommes capables de rien et ni d'avoir une valeur éternelle. Aux yeux de Dieu, nous sommes des simples pécheurs sauvés par la grâce, mais ce salut nous donne une grande valeur dans son royaume.

Donc en lui, notre vie gagne la dignité et notre service devient utile.

Nous devons par conséquent renoncer à l'égoïsme, les préjugés ou la jalousie ; et traiter les autres avec respect et courtoisie.

Considérer les besoins des autres comme plus importants que les nôtres nous fait ressembler au Seigneur Jésus Christ, l'exemple de l'humilité authentique.

L'intérêt sincère porté aux autres constitue un pas important dans le maintien de l'unité des chrétiens, de la famille et de l'amitié.

CHAPÎTRE DEUX
CE QUI A RÉALISÉ

Nous avons des grandes choses à réaliser par notre passage sur la terre ; chacun dans un domaine spécifique que Dieu a planifié.

Car nous ne sommes pas un fruit du hasard, Dieu nous a créés et envoyés sur la terre avec un but.

Quel est ton but, c'est très important de chercher à connaître cela, sinon vous allez passer à côté de votre destinée.

Quand vous savez, c'est alors que vous allez comprendre votre rôle dans la vie, dans votre famille et dans la société.

1. **Pour réaliser son but ou sa mission, il faut d'abord faire un travail sur soi-même.**

Ne regardez pas ce que vous êtes aujourd'hui, ni ce que vous pensez être, mais voyez ce que vous serez dans les jours à venir ; à travers les potentiels que Dieu a mis en vous.

Ne regardez pas les autres et ni ce qu'ils sont ; mais croyez en vous.

Si vous croyez en vous-mêmes c'est alors que vous deviendrez :

- **Créatif.**
- **Innovant.**
- **Constructif.**

Ce sont des capacités de Dieu, qui sont également en vous. Il suffit de croire à ce que Dieu a mis en vous ; et de commencer à travailler sur vous-même, afin d'enlever tout ce qui vous rends incapable d'utiliser vos potentiels ; comme :

- **Peur**
- **Doute**
- **Complexes :**

a) d'infériorité.

Le complexe d'infériorité est un sentiment qui touche de nombreuses personnes de nos jours. Il se manifeste par un sentiment de ne jamais être à la hauteur, quelle que soit la situation.

Cette manifestation est souvent liée à de mauvaises expériences vécues par le passé.

La société elle-même peut en être la cause.

Cela peut se développer dès l'enfance, et s'exprimer pendant l'adolescence, en renfermant la personne qui en souffre dans une spirale négative.

Focalisée sur un aspect de sa personne qui affaiblit son estime de soi, elle se dénigre et n'arrive pas à apprécier tout ce qu'elle réussit par ailleurs.
Le complexe d'infériorité est lié à une mauvaise estime de soi.

Généralement, il découle de ce que l'on considère être un défaut physique : la taille, la couleur des cheveux, le fait de porter des lunettes, ou bien l'expression (la manière de parler).
Les moqueries des camarades de classe, des frères et sœurs et parfois même des parents vont amener l'enfant à se focaliser dessus et à lui accorder trop d'importance, ce qui affaiblit l'image qu'il a de lui-même et donc son estime.

La timidité peut être causée par un complexe d'infériorité.

Du fait de son complexe, l'enfant ou l'adulte ne se met pas en valeur car il a honte de lui. Il a peur d'être mal considéré, de ne pas être digne d'amour. Il préfère rester en retrait, ne pas attirer l'attention sur lui. Il paraît donc timide.
Il faut travailler sur vous-même, car la bible dit : Vous n'avez pas reçu un Esprit de timidité mais de force.
C'est l'Esprit de Dieu qui vous aide pour que vous compreniez les potentiels que vous avez.

b) supériorité
Qu'est-ce que le complexe de supériorité ?

Différente de la personne prétentieuse ou vaniteuse, la personne qui développe un complexe de supériorité est convaincue de sa valeur et de sa légitimité.

Ce qui passe pour de la suffisance aux yeux des autres sert à lutter contre une certaine angoisse sous-jacente.

Pour le comprendre, il faut avoir en tête qu'un complexe est l'expression d'une trace amnésique de l'enfance, qui reste vivace malgré la confrontation avec la réalité de la vie. Un complexe de supériorité trouve sa source dans l'enfance : les parents ont trop dit à leur enfant qu'il était le meilleur dans tel ou tel domaine.
En grandissant, il a gardé cette assurance, mais aussi la certitude inconsciente que l'amour de ses parents dépend de sa supériorité.

Les expériences de la vie ne permettent-elles pas de faire changer le regard sur soi ?

Justement, pas dans ce cas ! En présence d'un complexe de supériorité, l'épreuve de la réalité ne change pas la perception qu'a la personne d'elle-même.
Elle reste convaincue d'être la meilleure.

Si elle se retrouve dans une situation où quelqu'un fait mieux qu'elle, elle va se décharger sur les autres, projeter son échec sur des raisons extérieures. Elle dira que l'autre a triché, que la situation ne lui était pas favorable… jamais elle n'évoquera l'idée que ce pourrait être de son fait. L'idée qu'elle est la meilleure et la nécessité de l'être sont trop profondément ancrées en elle.
Le complexe de supériorité n'est pas la confiance en soi, il ne faut pas le confondre.
La vraie confiance en soi réside dans le fait de s'accepter et de se montrer aux

autres tels que l'on est, avec ses qualités et ses défauts.

Attention, on peut basculer de confiance en soi, au complexe de supériorité.

Si l'on ne peut concevoir qu'un autre puisse être aussi bon, et parfois meilleur, que soi, alors on bascule dans le complexe de supériorité.

Le complexe de supériorité mène à l'orgueil, tandis que la Bible dit : Dieu résiste aux orgueilleux mais il fait grâce aux Humbles. Jacques 4 : 6

Cela peut vous empêcher de vivre votre destinée ni d'accomplir votre but ou votre mission sur la terre.

N.B. Souvenez-vous que Saül a été rejeté, parce qu'il était prétentieux et il pensait qu'il pouvait tout faire.1Samuel 16 : 1

Complexe de supériorité vous empêchera d'apprendre des nouvelles choses qui vous aideront à briller et à être dans la gloire de Dieu.

NB. Faisons attention de ne pas tomber dans ces pièges du diable, de ne pas nous laisser influencer parce que nous voyons, et de ne pas devenir prétentieux.

CHAPÎTRE TROIS
FAIRE VALOIR SON POTENTIEL.

A.   Pour se faire valoir, il faudrait mieux se connaître pour développer son potentiel, savoir dans quel domaine Dieu t'a établi pour marquer ton utilité dans votre famille, auprès des autres, dans ta nation et dans l'humanité.

Vous êtes appelé à être qui ?

Avocat, cordonnier, médecin, etc... Ne vous fiez pas à ce que font les autres, mais comprenez votre potentiel, c'est à dire, en quoi vous ferez la fierté de Dieu.

Toute réalisation commence par un mouvement ; cela peut être rapide ou lent, c'est à dire comme vous avez compris votre talent, le potentiel que Dieu vous a donné ; vous pouvez commencer à travailler sur ça et croire en vous-même, que vous êtes sur la terre pour accomplir une mission auprès de quiconque que Dieu mettra sur votre chemin.

B.Travailler jusqu'à la réalisation.

Toute réalisation demande :
- La Connaissance
- La conscience
- Les efforts
- La persévérance

a. On ne peut avoir des bons résultats, si on n'a pas la connaissance de ses capacités, ses potentiels, de sa grâce, ses dons, ou du domaine dans lequel on veut Exceller.
Pour accomplir sa mission il faut avoir connaissance de son talent,

prier et travailler sur ça, pour sa réussite.

b. Avoir conscience qu'on est un canal de bénédiction pour plusieurs personnes et des nations.

C'est pour cela qu'il faut bien faire les choses et être juste, afin que Dieu t'accorde le succès.

GENÈSE 17 : 1 - 6

" 1 Lorsque Abram fut âgé de quatre-vingt-dix-neuf ans, l'Eternel apparut à Abram, et lui dit : Je suis le Dieu tout-puissant. Marche devant ma face, et sois intègre.
2 J'établirai mon alliance entre moi et toi, et je te multiplierai à l'infini. 3 Abram tomba sur sa face ; et Dieu lui parla, en disant : Voici mon alliance, que je fais avec toi. Tu deviendras père d'une multitude de nations. 5 On ne t'appellera plus Abram ; mais ton nom sera Abraham, car je te rends père d'une multitude de nations. 6 Je te rendrai fécond à l'infini, je ferai de toi des nations ; et des rois sortiront de toi."

La clé de notre réussite et du succès c'est de marcher avec Dieu et de lui être intègre.
Sans cela nous repoussons l'accomplissement de notre promesse.

Dieu lui est apparu à l'âge de 75 ans, il a fait la promesse ; mais 24 ans après, Dieu demanda à Abram de marcher devant lui et d'être intègre pour vivre la promesse et d'accomplir sa mission, d'être un canal pour plusieurs.

Dieu nous adresse le même message qu'à Abram ; de marcher devant lui et d'être intègres.
Le fait qu'il soit Dieu est une raison suffisante pour que nous lui obéissons dans tous les domaines.
Si nous ne sommes pas convaincus qu'il vaille la peine d'être obéit, rappelons-nous

qu'il est Le seul capable de répondre de manière satisfaisante à chacun de nos besoins.

c. Les efforts.

Dieu récompense les efforts. Les petits efforts contribuent aux grands résultats. Pour déplacer une montagne, on a besoin de la foi de la taille d'un grain de sénevé le plus petit grain. Matthieu 17,20.

Pour produire des grands résultats, il faut fournir sans cesse des petits efforts consistants et suffisants sans toujours s'attendre à voir les résultats dans l'immédiat, mais patienter, l'accumulation de plusieurs efforts pour commencer à palper les résultats.

A cause de l'effort constant, l'eau perce les rochers.

Les changements d'attitude créent de nouvelles habitudes.

Si, aujourd'hui, vous prenez la décision d'entreprendre quelque chose : adopter une nouvelle attitude, créer une nouvelle habitude, … Sachez que cela apportera un tiraillement avec les autres aspects de votre vie, voir même avec les personnes autour de vous.

La guerre interne se passe entre les anciennes habitudes et les nouvelles.

Si on ne multiplie pas les nouvelles habitudes, les anciennes finiront par prendre le dessus, amoindrir les nouvelles jusqu'à les faire disparaître.

Il faut quitter la zone de confort, être challengé, consentir des efforts pour voir le changement s'établir.

Dieu récompense chaque effort.

Dieu connaît chacun de vos efforts. Il observe les hommes, il voit aussi ceux qui le cherchent véritablement et les récompensent.

La femme qui était atteinte de la perte de sang depuis 12 ans a fourni l'effort, elle a bravé la foule jusqu'à atteindre Jésus et ses efforts ont portés des fruits. Matthieu 9 : 20-22

L'aveugle Bartimée qui était au bord de la route a crié jusqu'à se faire entendre par Jésus qui ne l'a pas ignoré, mais l'a guéri de la cécité. Matthieu 10, 46-53

Les deux hommes qui avaient reçu chacun 5 et 2 talents avaient risqué de les perdre en essayant de les faire valoir. Mais au retour du maître, ils ont été récompensés chacun selon son œuvre. Matthieu 25, 14-31

La mauvaise chose à faire c'est de ne fournir aucun effort, pour accomplir son but et améliore son quotidien ; la parole de Dieu dit : Matthieu 13 : 12

" Car on donnera à celui qui a, et il sera dans l'abondance, mais à celui qui n'a pas on ôtera même ce qu'il a."

Il y a toujours un effort à fournir, peu importe l'état dans lequel vous êtes, en bonne santé ou en maladie, dans l'abondance ou dans la misère, que vous soyez apte ou inapte.

Chaque effort compte, peu importe son état, Dieu est prêt à répondre à notre foi.

Matthieu 19 : 29 - 30

"29 Et quiconque aura quitté, à cause de mon nom, ses frères, ou ses sœurs, ou son père, ou sa mère, ou sa femme, ou ses enfants, ou ses terres, ou ses maisons, recevra le centuple, et héritera la vie éternelle. 30 Plusieurs des premiers seront les derniers, et plusieurs des derniers seront les premiers."

d. La persévérance :

Qualité de quelqu'un qui persévère dans ce qu'il a entrepris.

Persister dans une action, une résolution, une attitude, malgré les difficultés rencontrées ; jusqu'à la réalisation et la réussite totale.

C'est la vertu d'un gagnant, on ne peut pas acquérir de meilleurs résultats sans persévérer.

Vous devez persévérer pour atteindre votre but et marquer votre génération, par rapport à votre travail, votre attitude, votre engagement, et la crainte de l'Éternel.

Matthieu 11 : 12
" 12 Depuis le temps de Jean-Baptiste jusqu'à présent, le royaume des cieux est forcé, et ce sont les violents qui s'en emparent."

L'entrée dans le royaume demande du courage, une foi ferme, de la détermination et de la persévérance à cause de l'opposition croissante qui est dans le monde visible et invisible.

Hébreux 10 : 35 - 36

"35 N'abandonnez donc pas votre assurance, à laquelle est attachée une grande rémunération. 36 Car vous avez besoin de persévérance, afin qu'après avoir accompli la volonté de Dieu, vous obteniez ce qui vous est promis."

Malgré la persécution et la pression, nous sommes appelés à persévérer.

La souffrance est désagréable, mais elle peut former notre caractère et notre patience, afin que nous puissions constater ce qui est essentiel et mieux pour nous.

Les épreuves nous rapprochent plus de Dieu, et sa présence nous rend capable d'affronter les difficultés et de faire notre mission.

Dans d'autres termes, persévérer :
C'est tenir ferme, faire preuve de constance. Donc reste constant dans tous les domaines de votre vie.

Car la présence de Christ en nous nous permet d'avoir de l'endurance, face aux problèmes, aux difficultés, aux maladies... Car après tout cela nous avons l'assurance de notre salut, réussite, et la victoire sur l'ennemi ; car le Seigneur Jésus Christ est notre source d'espérance.

Les temps d'épreuves permettent de faire la différence entre la foi authentique et la foi superficielle.
Quand nous sommes invités à abandonner, à nous détourner de Christ, souvenons-nous de ce qu'il nous assure et continuons à vivre en avance pour lui.

La persévérance n'est pas, pour nous, un moyen d'être sauvés, mais la preuve que nous sommes réellement engagés envers Christ et d'accomplir notre mission.

CHAPITRE QUATRE
CE QUI EST ESSENTIELLE

Définition Essentielle :
Indispensable, très important, dont on ne peut pas se passer.
Synonymes : capital, important, indispensable, nécessaire, crucial, fondamental, primordial

Ce qui est indispensable pour qu'une chose existe : L'air est essentiel à la vie. Le soleil est un agent essentiel de la vie sur la planète.
Qu'est- ce qui est d'une grande importance, principal ou capital pour vous ?
Quel est le point essentiel pour votre vie ?
L'essentiel est dans la façon de vivre. Comment vous la vivez, cette vie que Dieu vous a donnée.

L'essentiel est d'avoir une raison de vivre.

Quelle est votre raison de vivre ? Vivre pour vous-même au bien pour celui qui s'est donné pour vous, afin de vivre l'éternité.   **Jean 15 : 13 - 14**

" 13 Il n'y a pas de plus grand amour que de donner sa vie pour ses amis. 14 Vous êtes mes amis, si vous faites ce que je vous commande."

Romains 5 : 6 - 8

" 6 Car, lorsque nous étions encore sans force, Christ, au temps marqué, est mort pour des impies. 7 A peine mourrait-on pour un juste ; quelqu'un peut-être mourrait il pour un homme de bien. 8 Mais Dieu prouve son amour envers nous, en ce que, lorsque nous étions encore des pécheurs, Christ est mort pour nous."

Jean 6 : 50 - 51

" 50 C'est ici le pain qui descend du ciel, afin que celui qui en mange ne meure point. 51 Je suis le pain vivant qui est descendu du ciel. Si quelqu'un mange de ce pain, il vivra éternellement ; et le pain que je donnerai, c'est ma chair, que je donnerai pour la vie du monde."

L'essentiel n'est pas la durée de la vie, mais la manière dont on l'emploie.

Proverbes 14 : 11 - 13
"11 La maison des méchants sera détruite, mais la tente des hommes droits fleurira. 12 Telle voie paraît droite à un homme, Mais son issue, c'est la voie de la mort. 13 Au milieu même du rire, le cœur peut être affligé, et la joie peut finir par la détresse."

La voie qui paraît droite peut offrir de nombreuses options et exiger peu de sacrifices.

Prenons le temps de réfléchir devant un choix facile, de nous demander ce qui nous attire dans cette situation :
- Est-ce le fait qu'elle nous autorise une certaine paresse ?
- Qu'elle ne nous oblige pas à modifier notre style de vie ?
- Ou qu'elle ne nous impose aucune contrainte morale ?

Le bon choix exige souvent un engagement conséquent et une abnégation.

Ne nous laissons pas séduire par des raccourcis qui paraissent juste mais qui mènent à la mort.

L'essentiel n'est pas de vivre, mais de bien vivre. Pour bien la vivre, il faut que Christ soit au centre de votre vie.

2 Corinthiens 2 14 - 17

" 14 Grâces soient rendues à Dieu, qui nous fait toujours triompher en Christ, et qui répand par nous en tout lieu l'odeur de sa connaissance ! 15 Nous sommes, en effet, pour Dieu la bonne odeur de Christ, parmi ceux qui sont sauvés et parmi ceux qui périssent : 16 aux uns, une odeur de mort, donnant la mort ; aux autres, une odeur de vie, donnant la vie. Et qui est suffisant pour ces choses ?
17 Car nous ne falsifions point la parole de Dieu, comme font plusieurs ; mais c'est avec sincérité, mais c'est de la part de Dieu, que nous parlons en Christ devant Dieu."

L'essentiel n'est pas ce que l'on acquiert dans la vie, mais ce que l'on apprend. Qu'est-ce que vous avez appris pour bien vivre et pour résister aux vents de ce monde.

2 Timothy 3 : 12 - 17

" 12 Et tous ceux aussi qui veulent vivre pieusement dans le Christ Jésus, seront persécutés ; 13 mais les hommes méchants et les imposteurs iront de mal en pis, séduisant et étant séduits. 14 Mais toi, demeure dans les choses que tu as apprises et dont tu as été pleinement convaincu, sachant de qui tu les as apprises, 15 et que, dès l'enfance, tu connais les saintes lettres, qui peuvent te rendre sage à salut par la foi qui est dans le Christ Jésus. 16 Toute écriture est inspirée de Dieu, et utile pour enseigner, pour convaincre, pour corriger, pour instruire dans la justice, 17 afin que l'homme de Dieu soit accompli et parfaitement accompli pour toute bonne œuvre."

L'apprentissage ou l'enseignement stabilisent et donnent sens à la vie de l'homme.

La parole de Dieu est le premier outil de l'éducation, de l'inspiration pour la vie de l'être humain.

Timothée est l'un des premiers chrétiens de la deuxième génération. Il n'est pas subitement devenu chrétien suite à une parole puissante d'un évangéliste ; ses convictions sont les résultats de l'éducation de sa mère et de sa grande mère, qui lui ont enseigné les sainte Écritures. Le rôle de parent est d'une importance vitale.

À la maison comme à l'Église, nous devrions être conscients qu'enseigner les enfants est à la fois une opportunité et une responsabilité ; qui nous pousse à veiller à la mise en pratique de l'enseignement.

Laissez-vous enseigner pour assurer et améliorer votre avenir.

Toute la Bible est la Parole inspirée de Dieu.

Puisqu'elle est inspirée de Dieu et digne de confiance, nous devons la lire et l'appliquer dans notre vie.

Elle est la norme qui nous permet de juger toutes les autres affirmations.

C'est-à-dire, ce qui est vil et parfait (le bien et le mal).

Elle est notre sécurité contre les fausses doctrines ; en elle se trouve le modèle pour notre vie ; elle seule nous apprend comment être sauvée.

Dieu veut nous montrer ce qui est vrai et nous équiper afin que nous vivions pour lui.

Lisons sa parole régulièrement afin de découvrir ses vérités et de trouver l'assurance nécessaire dans notre foi et dans notre vie.

L'essentiel d'une vie est fait de relations humaines qu'on a su rendre constructives.

L'important dans la vie, ce n'est point le triomphe, mais le combat.

L'essentiel n'est pas d'avoir vaincu, mais de s'être bien battu.

Avoir du caractère, c'est avoir des convictions sur les choses essentielles de la vie.

Toutes les situations de la vie sont des occasions privilégiées pour nous mener à l'essentiel.

L'essentiel pour le bonheur de la vie, c'est ce que l'on a en soi-même.

Qu'est ce qui est essentiel pour nous en tant que Chrétiens ?

- **C'EST LA FOI, car c'est elle qui nous présente comme agréable devant Dieu.** Hébreux 11 : 6

" Or sans la foi il est impossible de lui être agréable ; car il faut que celui qui s'approche de Dieu croie que Dieu existe, et qu'il est le rémunérateur de ceux qui le cherchent."

C'est la foi qui nous donne une identité et détermine notre appartenance.

La foi nous positionne, comme étant enfant, fils, fille de Dieu, disciples, amis du Seigneur Jésus Christ, étant héritiers et cohéritiers de Christ.

Elle nous ouvre toutes les portes jusqu'à l'éternité.

La foi est un élément majeur dans la vie de l'homme et surtout dans l'existence d'un chrétien.

Quand on ne sait pas ce qui est essentiel, ou ce que l'on devient en Christ, ou bien ce que nous possédons, on se laisser dominer ou tromper par le diable.

Voici la raison qui nous pousse à parler du combat de la foi.

C'est la foi en Jésus-Christ qui nous garantit l'éternité.

Le diable combat notre foi, car c'est celle qui nous accorde l'avantage sur lui et en tout.

Ce qui est essentiel pour nous dans ce monde, c'est la foi, elle nous fait vivre en Christ.

Le monde disparaîtra, sa convoitise passera, mais la foi en Christ nous fera vivre en paix même après notre mort.

La raison pour laquelle nous devons mettre tout en œuvre avec la puissance du Saint Esprit, afin de défendre notre foi aux assauts du diable.

Noter bien : la chose la plus importante dans nos vies c'est la foi en Christ.

CHAÎTRE CINQ
QUEL EST TON COMBAT ?

Le Bon Combat de la Foi

1 Timothée 6 : 11 à 16

"11 Pour toi, homme de Dieu, fuis ces choses, et recherche la justice, la piété, la foi, la charité, la patience, la douceur. 12 Combats le bon combat de la foi, saisis la vie éternelle, à laquelle tu as été appelé, et pour laquelle tu as fait une belle confession en présence d'un grand nombre de témoins. 13 Je te recommande, devant Dieu qui donne la vie à toutes choses, et devant Jésus-Christ, qui fit une belle confession devant Ponce Pilate, 14 de garder le commandement, et de vivre sans tache, sans reproche, jusqu'à l'apparition de notre Seigneur Jésus Christ,

15 que manifestera en son temps le bienheureux et seul souverain, le roi des rois, et le Seigneur des seigneurs,

16 qui seul possède l'immortalité, qui habite une lumière inaccessible, que nul homme n'a vu ni ne peut voir, à qui appartiennent l'honneur et la puissance éternelle. Amen !"

L'apôtre Paul arrive à la fin de sa vie terrestre. Il veut éviter à son jeune compagnon dans la foi, Timothée, les erreurs qu'il a commises.

Pour l'apôtre Paul le plus important c'est de savoir discerner le bon combat, et comprendre ce qui est essentiel dans la vie et dans la marche chrétienne.
Nous devons savoir pourquoi nous combattons et quel est notre combat.
Combat de la foi ou combat charnel ?

CONNAÎTRE SON COMBAT

Le bon combat c'est celui de la foi.
Les biens de ce monde sont un peu accessibles à tous, aux chrétiens ou aux non chrétiens, mais la foi en Jésus-Christ est une richesse qui nous accompagnera partout même après la mort.

Nous verrons Le Seigneur, car nous avons nourri notre foi avec la parole de Dieu, la sanctification, la confiance, la patience, la persévérance pendant notre vie terrestre.

Le matériel passera et périra.

Que sert-il à un homme de gagner tout le monde, s'il perd son âme ? Marc 8 :36 - 38

Beaucoup investissent toute leur énergie dans la recherche du plaisir, ils se battent pour avoir tout dans ce monde.

Le Seigneur Jésus Christ souligne qu'une vie axée sur les plaisirs, les biens matériels, le rang social ou le pouvoir se révèle finalement vide et futile.

Tout ce que nous possédons ici-bas n'a qu'une durée limitée ; nous ne pourrons jamais l'échanger contre le salut de notre âme.

Travailler dur pour acquérir tout ce que nous désirons, nous permet probablement de mener une vie agréable, mais cela mène finalement au constat désabusé que notre existence est vide.

Sommes-nous disposés à rechercher Dieu, à combattre pour notre foi ?

Plutôt de se battre pour des plaisirs égoïstes qui provoquera notre perte ?

Suivre Le Seigneur Jésus Christ, c'est découvrir ce que signifie jouir d'une vie abondante maintenant et jusque dans l'éternité.

Le Seigneur renverse constamment la manière de voir du monde en parlant des premiers et des derniers ou du fait de gagner votre vie en la perdant.

Ici, il nous laisse devant un choix : soit nous Le rejetons maintenant en sachant que nous serons rejetés lors de son retour, soit nous l'acceptons maintenant pour être acceptés par lui.

Rejeter Christ nous épargne peut-être de certains déshonneurs sur le moment, mais c'est aussi la garantie que, plus tard, nous vivrons éternellement dans la honte.

Vivre avec Christ et combattre pour garde sa foi, nous garantit une vie de gloire éternelle.

CHAPÎTRE SIX
VERBES ÉNERGIQUE

Paul Utilise des verbes d'action énergique pour décrire ce que les chrétiens peuvent faire, dans la vie chrétienne :
- - Fuir
- • Rechercher
- • Combattre
- • Saisir

La vie chrétienne ne doit pas être passive, laisser les choses te contrôler ; ne pas être acteur de sa vie.

Ne pas prendre le devant, les initiatives pour sa vie, déplais à Dieu.

Certains pensent que la foi chrétienne est marquée par la passivité et par la seule attente de l'intervention de Dieu. Non.

Notre foi doit au contraire être active et, comme la vie d'athlètes, caractérisée par l'engagement, le service, le sacrifice, la volonté de faire ce que nous savons être juste.

L'athlète est très discipliné, ses fréquentations, son alimentation, tout est contrôlé, sa vie est très réservée par rapport à son engagement.

Nous avons un engagement avec Dieu, et il y a des accords, c'est un contrat avec les termes et des règles à respecter.

C'est notre degré de discipline et d'obéissance qui détermine si nous resterons de simples spectateurs dans cette vie ou entrerons sur le terrain qui est ce monde, pour gagner et vivre notre destin.

Comment les autres chrétiens voient-ils notre contribution au combat de l'équipe de Christ.

Le service, c'est ce que nous faisons avec Dieu c'est pour Dieu.

Cherchons-nous l'Approbation des hommes dans ce que nous faisons pour Dieu à l'église ou pour sa gloire.

Notre service pour Dieu doit être impeccable pour l'honneur de notre Dieu.

Servir Dieu sans se plaindre, afin que la couronne nous soit réservée.

Le sacrifice.

Après notre engagement à servir Le Seigneur, nous sommes appelés à nous sacrifier pour lui ; passer Dieu avant toute chose dans notre vie.

Il est prioritaire dans tout ce qui est et qui sera à nous.

Genèse 22 : 1 - 3

"1 Après ces choses, Dieu mit Abraham à l'épreuve, et lui dit : Abraham ! Et il répondit : Me voici ! 2 Dieu dit : Prends ton fils, ton unique, celui que tu aimes, Isaac ; va-t'en au pays de Morija, et là offre-le en holocauste sur l'une des montagnes que je te dirai. 3 Abraham se leva de bon matin, sella son âne, et prit avec lui deux serviteurs et son fils Isaac. Il fendit du bois pour l'holocauste, et partit pour aller au lieu que Dieu lui avait dit."

Le sacrifice = Obéir à Dieu en tout sans calculer, sans réfléchir à ce qu'on peut perdre.

Marc 8 : 34 à 37

" 34 Puis, ayant appelé la foule avec ses disciples, il leur dit : Si quelqu'un veut venir après moi, qu'il renonce à lui-même, qu'il se charge de sa croix, et qu'il me suive.

35 Car celui qui voudra sauver sa vie la perdra, mais celui qui perdra sa vie à cause de moi et de la bonne nouvelle la sauvera.

36 Et que sert-il à un homme de gagner tout le monde, s'il perd son âme ? 37 Que donnerait un homme en échange de son âme ? "

Que signifie se charger de sa croix : La soumission.

La crucifixion était un supplice que les Romains réservaient aux criminels les plus dangereux.

Le prisonnier portait lui-même sa croix jusqu'au lieu de son exécution, en signe de soumission au pouvoir de Rome.

Le Seigneur Jésus Christ utilise cette image pour illustrer la soumission totale qu'il attend de ses disciples. Il ne s'oppose pas au plaisir et ne désire pas que nous souffrions inutilement ; ce qu'il veut souligner, c'est l'importance de l'effort nécessaire pour le suivre pas à pas et accomplir sa volonté même lorsque la tâche est difficile et que l'avenir paraît sombre.

Nous devrions être prêts à perdre notre vie pour l'Evangile, non parce qu'elle n'aurait aucune valeur, mais parce que

rien ne peut être comparé à notre récompense en Christ.

Le Seigneur veut que nous choisissions de le suivre plutôt que de mener une vie de péché et de satisfaction égoïste. Il veut que nous cessions de vouloir contrôler notre propre destinée et que nous lui confions les rênes de notre vie. C'est une sage décision car, en tant que Créateur, Christ sait mieux que nous ce qu'est la vie véritable.

Il demande la soumission, pas la haine de soi ; il nous demande de renoncer à un mode de vie centré sur nous-mêmes, où nous voulons tout contrôler.

Beaucoup investissent toute leur énergie dans la recherche du plaisir. Le Seigneur souligne qu'une vie axée sur les plaisirs, les biens matériels, le rang social ou le pouvoir, se révèle finalement vide et futile.

Tout ce que nous possédons ici-bas n'a qu'une durée limitée ; nous ne pourrons jamais l'échanger contre le salut de notre âme. Travailler dur pour acquérir tout ce que nous désirons nous permet probablement de mener une vie agréable, mais cela mène finalement au constat désabusé que notre existence est vide. Sommes-nous disposés à rechercher Dieu plutôt que les plaisirs égoïstes ?
Suivre Jésus Christ, c'est découvrir ce que signifie jouir d'une vie abondante maintenant et jusque dans l'éternité.

La volonté :
Celui-ci permet à ce que tu puisses choisir, faire, accomplir ; libre choix.
Libre de ses actes, il a le pouvoir de faire ou de ne pas faire.
La vie chrétienne n'est pas de la dictature, la démocratie, mais théocratie.

Théos = Dieu et Cratie = Pouvoir.
Le terme théocratie est inventé par Flavius Josèphe, désignant dans son acception première l'idée que Dieu gouverne.

Bien que Dieu se soit révélé auparavant aux Patriarches, aux Matriarches et à Moïse, la première mention de son choix au peuple d'Israël comme un royaume, une nation se trouve dans le Livre de l'Exode.

Exode 19 : 3-6.

" 3 Moïse monta vers Dieu : et l'Éternel l'appela du haut de la montagne, en disant : Tu parleras ainsi à la maison de Jacob, et tu diras aux enfants d'Israël : 4 Vous avez vu ce que j'ai fait à l'Egypte, et comment je vous ai portés sur des ailes d'aigle et amenés vers moi. 5 Maintenant, si vous écoutez ma voix, et si vous gardez mon alliance, vous m'appartiendrez entre tous les peuples, car toute la terre est à moi ; 6 vous serez pour moi un royaume de sacrificateurs et une nation sainte. Voilà les paroles que tu diras aux enfants d'Israël. "

Dieu avait une raison bien précise pour délivrer les Israélites de l'esclavage, et il l'a leur communique : ils doivent devenir un royaume de prêtres et une nation sainte, ce qui signifie que chacun pourra s'approcher librement de lui. Malheureusement, peu après, le peuple se montre indigne de l'ambition divine, et les descendants d'Aaron, de la tribu de Lévi, sont désignés comme les seuls prêtres (Lv8 : 9) ; ils représentent ce que la nation entière aurait dû être.

1 Samuel 8 : 4 - 9

" 4 Tous les anciens d'Israël s'assemblèrent, et vinrent auprès de Samuel à Rama. 5 Ils lui dirent : Voici, tu es vieux, et tes fils ne marchent point sur tes traces ; maintenant, établis sur nous un roi pour nous juger, comme il y en a chez toutes les nations. 6 Samuel vit avec déplaisir ce qu'ils disaient : Donne-nous un roi pour nous juger. Et Samuel pria l'Eternel.
7 L'Eternel dit à Samuel : Ecoute la voix du peuple dans tout ce qu'il te dira ; car ce n'est pas toi qu'ils rejettent, c'est moi qu'ils rejettent, afin que je ne règne plus sur eux. 8 Ils agissent à ton égard comme ils ont

toujours agi depuis que je les ai fait monter d'Egypte jusqu'à ce jour ; ils m'ont abandonné, pour servir d'autres dieux. 9 Ecoute donc leur voix ; mais donne-leur des avertissements, et fais-leur connaître le droit du roi qui régnera sur eux. "

Cependant, la demande des Israélites est motivée par un rejet de l'autorité de l'Éternel. A sa place ils veulent un Roi, des lois et une armée. Ils veulent remettre leur destin en tant que nation à la force de l'homme, alors seule la puissance de Dieu peut les faire prospérer devant les autres nations.
P.S: Regardons bien notre position et celle de ce peuple.
Quelle est notre attitude et le comportement que nous avons à l'égard de Dieu.
Les Israélites espèrent que l'instauration d'un nouveau mode de gouvernement apportera les changements nécessaires dans la nation.

Or, le problème fondamental est leur désobéissance à l'Éternel ; les autres difficultés ne peuvent donc que se perpétuer sous la nouvelle autorité. C'est d'unité dans la foi qu'ils ont besoin, pas d'unité politique.

Si les Israélites avaient accepté la direction et l'autorité de l'Éternel, ils auraient prospéré au-delà même de leurs attentes.

C'est faire preuve d'une bonne obéissance, que de demander à Dieu de conduire notre famille et notre vie personnelle tout en continuant à vivre en suivant les principes et les valeurs du monde.

La véritable foi a un impact sur tous les domaines de la vie. Deutéronome 28 : 1.

" Si tu obéis à la voix de l'Eternel, ton Dieu, en observant et en mettant en pratique tous ses commandements que je te prescris aujourd'hui, l'Eternel, ton Dieu, te donnera la supériorité sur toutes les nations de la terre. "

Les grandes bénédictions, sont des conséquences positives qui récompensent une vie conforme à sa volonté.
C'est une motivation supplémentaire pour obéir à ses commandements.

Ces bénédictions ne pourront peut-être pas toutes se réaliser de notre vivant, mais ceux qui obéissent à Dieu sont assurés de connaître la plénitude de sa bénédiction dans le nouveau ciel et dans la nouvelle terre.

C'est possible de réintégrer le plan de Dieu, de faire partie du royaume de sacrificateurs et de devenir une nation sainte.
Avec la venue du Seigneur Jésus Christ, Dieu élargit une fois de plus son plan sur tous les croyants :

Ceux-ci sont appelés à être des prêtres royaux, une nation sainte.

1 Pierre 2 : 9

" Vous, au contraire, vous êtes une race élue, un sacerdoce royal, une nation sainte, un peuple acquis, afin que vous annonciez les vertus de celui qui vous a appelés des ténèbres à son admirable lumière."

La mort et la résurrection de Christ permettent à chacun de nous, de nous approcher librement de Dieu.
Donc notre vie est pour Dieu.

C'est une vie réglementée, des principes, pour se conformer à Dieu on doit faire ce qui est juste.

Nous avons tous ce pouvoir de faire ou ne pas, mais nous devons relier notre désir au pouvoir de Dieu.
Cette volonté de libre choix peut nous conduire à la vie et aussi à la mort.

C'est à nous de revoir nos choix, et de nous pencher vers la vie ou la mort.

Ce qui est juste, c'est dans la volonté de Dieu et dans sa Parole, faisons ce qui est juste pour nous et surtout pour Dieu.

Quand tu sais ce que tu veux, ce qu'il te faut, cela détermine ce que tu seras ou feras dans le monde avec Christ.

Soyons des acteurs dans l'équipe de Jésus Christ.

Sommes-nous spectateurs ou acteurs ? Chacun de nous sait ce qu'il veut être.

CHAPÎTRE SEPT

LES VERBES CONJUGUÉE PAR APÔTRE PAUL

A. Définition.
Fuir : un verbe intransitif.

1. S'éloigner en toute hâte, partir pour échapper à une difficulté.
Fuir devant qqn, devant un danger.
2. S'éloigner par un mouvement rapide.
Un verbe transitif
1. Chercher à éviter en s'éloignant, en se tenant à l'écart.
Fuir la présence de quelqu'un.
2. Échapper à la possession d'une personne, se refuser à subir une domination.
3. Ne pas être sous l'emprise de quelque chose.

On ne peut servir Dieu en étant sous l'emprise de quoique ce soit.

B. Que devons-nous fuir ?

1 Corinthiens 6 : 9 À 20

- **L'impudicité**
- **Le Mensonge**
- **Le Vol**
- **La Cupidité**
- **L'Ivrognerie**
- **L'Idolâtrie**
- **L'Adultère….**

Tous ce qui s'appellent les péchés mettent notre relation avec Dieu en danger.

Ces versets décrivent quelques traits caractéristiques des non-chrétiens. Cela ne signifie pas que toutes les personnes ainsi décrites soient automatiquement et définitivement exclues du royaume de Dieu.

Les chrétiens viennent de toutes sortes d'arrière-plans, y compris de ceux-là que Le Seigneur Jésus Christ peut transformer même ceux qui ont vécu dans les péchés. Peut-être luttent-ils encore contre de mauvais penchants, mais ils doivent renoncer à des pratiques de ce genre. En revanche, ceux qui se disent chrétiens mais qui persistent sans le moindre remords dans ces pratiques n'hériteront pas du royaume de Dieu. Ils doivent réexaminer leur vie afin de déterminer, si réellement ils sont en Christ.

Notre être doit glorifier Le Seigneur, c.-à-d. le corps, l'âme et l'esprit ; tout ce que le corps fait décrit et démontrer l'état de notre esprit, ainsi que notre âme.

Celui qui accepte Christ, entre dans un processus pour être un chrétien délivrer et affranchit.

Notre comportement ou nos œuvres décrit ou définit notre relation et communion avec Dieu.

Les chrétiens sont appelés à renoncer à toutes mauvaises habitudes, Dieu peut transformer tout homme, il suffit de prendre la décision de renoncer à l'ancienne vie.

Nous sommes appelés à réévaluer notre engagement avec Le Seigneur chaque instant, car nous ne savons pas quand il reviendra.

Quel sera notre sort après la mort qui peut venir d'une minute à l'autre.

Connaître son état afin de combattre, renoncer et refaire les choses correctement.

Quand on se réexamine on peut alors se relever pour continuer la marche avec Christ, et tu connaîtras la valeur et l'importance qu'on a en Dieu.

C. <u>RECHERCHER</u>

a.   Que devons-nous rechercher ?
Si nous voulons être sauvés, que Dieu intervient dans nos vies ; nous devons rechercher le royaume et la justice de Dieu. C.à.d. recherche son créateur, son origine, d'où on a été tiré. Matthieu 6 : 33 **"Cherchez premièrement le royaume et la justice de Dieu ; et toutes ces choses vous seront données par-dessus."**

Rechercher d'abord le royaume de Dieu, c'est donner la priorité à Dieu dans notre vie, nourrir nos pensées de ses désirs, chercher à lui ressembler dans la vie de tous les jours, le servir et lui obéir en tout.
L'homme est appelé à chercher ce que Dieu veut pour lui.
Pose toi la question, et la question est posée ; sachons qui veut notre bonheur.

On ressemblera à Dieu lorsque nous chercherons à connaître ce que Dieu est, et ce qu'il veut pour nous.

L'image de Dieu sera en nous lorsque nous cherchons à faire tout comme lui. Et quand on ressemble à Dieu, c'est alors qu'on peut le servir et faire des choses comme lui-même, dans l'amour, la joie et la compassion...

Se demander qu'est-ce qui a vraiment plus d'importance dans notre vie ?

Dieu, amis, objets, projets, autres désirs… Si c'est autre chose que Dieu, nous ne pouvons pas privilégier des personnes ou des choses à la place de Dieu.

Beaucoup de choses semblent importantes pour occuper la première place dans notre vie, dans l'ordre des priorités ; et elles risquent bien d'y parvenir, si nous ne prenons pas une ferme décision d'accorder la première place au Seigneur Jésus Christ dans tous les domaines de notre vie.

Galates 5 : 16

"16 Je dis donc : Marchez selon l'Esprit, et vous n'accomplirez pas les désirs de la chair."

Car ces deux sont opposés.

Après cette décision ferme, la chair sera soumise à l'autorité de l'Esprit.

Psaume 34 : 12 - 16

"12 Quel est l'homme qui aime la vie, Qui désire la prolonger pour jouir du bonheur ? 13 Préserve ta langue du mal, Et tes lèvres des paroles trompeuses ; 14 Éloigne-toi du mal, et fais le bien ; recherche et poursuis la paix. 15 Les yeux de l'Eternel sont sur les justes, Et ses oreilles sont attentives à leurs cris. 16 L'Eternel tourne sa face contre les méchants, Pour retrancher de la terre leur souvenir…"

Celui qui craint Dieu ne ment pas, se détourne du mal, fait le bien et recherche la paix.

Il ne se contente pas de s'asseoir tranquillement à l'église, il obéit à Dieu dans sa manière de parler et d'agir.

Hébreux 12 : 14 - 15

14.Recherchez la paix avec tous, et la sanctification, sans laquelle personne ne verra le Seigneur. 15. Veillez à ce que nul ne se prive de la grâce de Dieu ; à ce qu'aucune racine d'amertume, poussant des rejetons, ne produise du trouble, et que plusieurs n'en soient infectés...

La pureté est nécessaire pour pouvoir pénétrer dans la présence de Dieu et dans son temple. Le péché brouille notre vision de Dieu ; la communion avec lui ne sera possible que si nous renonçons au mal et lui obéissons.

La sainteté est une alliée pour une vie paisible, car une relation juste avec Dieu entraîne une relation juste avec nos frères et sœurs en Christ.

COMBATTRE

Pour l'apôtre Paul le plus important c'est de savoir discerner le bon combat, c'est-à-dire le combat de la foi.

Il existe deux sortes de combat :
Le combat de la foi et le combat de la chair ou de ses œuvres.

Combattre le bon combat de la foi signifie que nous nous conformons à la Parole par la foi, peu importe ce que nous ressentons ou ce que nous pensons comprendre.
Jésus dit :
"Si vous demeurez dans ma parole, vous êtes vraiment mes disciples."Jean 8, 31

Que le péché ne règne point.
Il est écrit :"Ne te laisse pas vaincre par le mal, mais surmonte le mal par le bien. "Romains 12 : 21.

Nous avons des passions et des désirs qui affirment le contraire. Nous avons un raisonnement humain qui dit : C'est impossible, dans ces conditions, ils feront ce qu'ils veulent de moi, ils vont m'écraser, etc...

Nous avons ici une exhortation de Paul :"Ainsi vous-mêmes, regardez-vous comme morts au péché, et comme vivants pour Dieu en Jésus Christ. Que le péché ne règne donc point dans votre corps mortel, et n'obéissez pas à ses convoitises."

Romains 6, 11-12

Combattre le bon combat de la foi signifie que nous restons fermement ancrés dans sa Parole par la puissance de l'Esprit, en nous considérant comme morts, nos sentiments et nos raisonnements humain, et en ne laissant pas le péché régner dans notre corps mortel en obéissant à ses convoitises.

Nous devons faire ce que Jésus dit : nous charger de notre croix chaque jour et renoncer à nous-mêmes.

Luc 9, 23.

Paul dit également la même chose : "Mais si par l'Esprit vous faites mourir les actions du corps, vous vivrez" Romains 8 : 13B.

Romains 8, 13A

Si vous vivez selon la chair, vous mourrez ;

Lorsque nous nous détournons du péché par la puissance du Saint Esprit, en nous regardant comme morts pour le péché, nous pouvons surmonter la tentation quand elle se présente.

" Combats le bon combat de la foi, saisis la vie éternelle, à laquelle tu as été appelé, et pour laquelle tu as fait une belle confession en présence d'un grand nombre de témoins," 1Timothée 6 :12.

Le royaume des cieux est forcé, déclare le Christ en Matthieu 11 : 12 ;
Pour s'en emparer requiert une vie de combattant spirituel.

Voici des notions essentielles à connaître, afin de remporter le bon combat de la foi :
A. Connaître l'origine de sa Force.

Psaume 18 : 1 à 4

Je t'aime, Eternel est ma Force ! Dit David.
C'est Le **DIEU TOUT-PUISSANT** qui est la Force des chrétiens.

B. La Protection que Dieu accorde à ses enfants est illimitée, et ça peut prendre de nombreuses formes...
David emploie 5 symboles militaires pour la décrire.

Pour lui, Dieu est pareil à :

1° Un Rocher qui ne peut être déplacé par celui qui voudrait causer du tort aux chrétiens. Dieu est le Rocher protecteur devant les ennemis.

2° Une Forteresse, c.-à-d. un endroit sûr, inaccessible à l'ennemi.

3° Un Bouclier qui fait obstacle entre nous et la force du mal, qui empêche les flèches de l'ennemi nous atteindre.

4° Une Force qui sauve, symbole de pouvoir et de grande puissance, quelle que soit ta situation, ton problème, ta maladie, Dieu est capable de te sauver...

5° Un Rempart :
C'est une forte muraille qui sert de défense, de Protection.
Qui s'élève plus haut et retient les ennemis. Quelle que soit la forme d'attaque subie, nous trouverons la Protection nécessaire auprès de Dieu.

Nous ne pouvons pas gagner le combat de la foi, si nous ne nous appuyons pas sur Dieu. Car la Force Lui appartient
Psaume 62 :1-13

L'espérance est placée en Dieu ; le fait de savoir que Le Seigneur contrôle tout nous permet de s'appuyer sur lui et de compter sur sa force.

La véritable délivrance ne consiste pas dans la résolution d'un problème, puisque des nouvelles difficultés surgissent sans cesse, mais dans la fermeté de notre espérance en Dieu, dans la certitude de son salut. Alors toutes les difficultés disparaîtront.

David exprime en toute franchise le sentiment de son impuissance face aux

complots dont il était victime, avant de réaffirmer sa foi en Dieu.

La prière peut nous libérer de nos tensions émotionnelles. Quand on ne sait plus quoi faire, refugions-nous dans la prière.
La conviction que Dieu est notre rocher, notre salut et Forteresse changera notre conception de la vie : nous ne serons plus prisonniers d'une quelconque amertume envers ceux qui nous blessent et rien ne pourra nous ébranler, puisque nous nous appuyons sur la force divine.
L'origine de notre force c'est Dieu, quand nous le faisons confiance, il nous fortifie.

Il est tentant d'estimer la valeur d'une personne en nous basant sur l'honneur, le pouvoir, la richesse ou le prestige dont elle jouit.

De ce point de vue-là, certains donnent l'impression de s'en sortir vraiment bien dans la vie.

Le problème, c'est que, aux yeux de Dieu, ils sont plus légers qu'un souffle.

Qu'est-ce qui a du poids pour Dieu ?

Ce qui pèse pour Dieu, c'est la confiance, le service et la fidèle, à sa parole.

La confiance en Dieu est la source de notre force.

La richesse, l'honneur, le pouvoir, et le prestige n'ajoutent rien à notre valeur devant Dieu.

Juges 6 : 14 - 16

L'Éternel promet sa présence et la force nécessaire pour vaincre l'opposition, mais Gédéon ne voit que ses limites et ses faiblesses.

Il ne comprend pas comment Dieu pourrait agir par son moyen.

Comme lui, nous sommes appelés à servir le Seigneur dans des domaines précis et, même s'il promet de nous donner les ressources et de la force dont nous avons besoin, nous trouvons souvent des excuses.

Or, en croyant nécessaire de lui rappeler nos limites, nous sous-entendons qu'il ne nous connaîtrait pas personnellement ou qu'il se serait trompé en évaluant notre personnalité…

Ne perdons pas notre temps en objections inutiles, entreprenons plutôt ce qu'il nous demande. Met ta confiance en Dieu. Lorsque LE SEIGNEUR te dit, comme il dit à Gédéon : "Va, avec cette Force que tu as", cela signifie : "Avance avec LE DIEU DE TON SALUT". Celui qui est capable de te faire gagner des combats et te faire réussir en toutes choses.

Colossiens 1 : 28 - 29

"28 C'est lui que nous annonçons, exhortant tout homme, et instruisant tout homme en toute sagesse, afin de présenter à Dieu tout homme, devenu parfait en Christ. 29 C'est à quoi je travaille, en combattant avec sa force, qui agit puissamment en moi."

Déclare l'Apôtre Paul dans Colossiens.

Comme lui, travaillons d'un cœur entier, tels des athlètes, sans compter sur notre propre force, mais à la puissance de l'esprit de Dieu qui habite en nous.

Nous pouvons ainsi apprendre et grandir chaque jour, motivé par l'amour et non par l'orgueil ou la crainte.

Dieu nous donne ce qu'il faut pour parvenir à la maturité.

Connaître son ennemi pour mieux combattre.

Définition de l'ennemi :
1. Une personne qui n'aime pas l'autre, qui hait, qui cherche à nuire.
2. Personne qui éprouve ou suscite de l'inimitié, qui montre ou provoque une attitude inamicale, fortement défavorable et néfaste, par manque d'affinités psychologiques, parti-pris de méchanceté ou motifs particuliers de rancune.

Les différentes sortes d'ennemis :
Un ennemi redoutable, c'est l'ennemi invisible ; c'est être son ennemi à soi-même. Comment ça peut se faire ?

Quand Tu n'aimes pas ce que tu es : Ta corpulence, ton sexe, tu ne crois pas en toi...

Être l'ennemi de Dieu : Dieu est la source de tout esprits, il a la chair pour ennemie, comme le diable avec son ennemi, la tentation.
Chose qui, par sa nature, s'oppose à l'autre et peut nuire à celle-ci.

Satan est notre ennemi. Il essaie par tous les moyens de nous entraîner sur son mauvais chemin qui est mortel.

GENÈSE 3 : 15

La blessure au talon, fait allusion à ses tentatives répétées, pour vaincre Jésus Christ durant sa vie terrestre.

L'écrasement de la tête annonce sa défaite lors de la résurrection de Christ. Dieu révèle déjà le plan qu'il va mettre en œuvre pour vaincre Satan offrir le salut au monde par son fils, Jésus Christ.

En tant que Chrétiens, nous devons prendre conscience du fait que nous sommes impliqués dans un combat. Une des principales stratégies de Satan est de nous aveugler au sujet du conflit dans lequel nous sommes impliqués, et de nous rendre sans défense devant ses attaques. Mais Dieu nous a donné toutes les armes dont nous avons besoin pour nous donner la victoire sur l'ennemi !

2 Corinthiens 10 : 3-4

"3 Si nous marchons dans la chair, nous ne combattons pas selon la chair. 4 Car les armes avec lesquelles nous combattons ne sont pas charnelles ; mais elles sont puissantes, par la vertu de Dieu, pour renverser des forteresses."

Michée 7 : 6
Matthieu 10 : 34 à 39

Un engagement dans la vie chrétienne peut nous séparer de nos amis et de ceux que nous aimons. Le Seigneur Jésus Christ n'encourage pas la désobéissance

aux parents ni les conflits familiaux, mais il nous rend attentif au fait que son existence en nous, nous place devant un choix.

Si certains suivent Christ et d'autres pas, il est inévitable que des conflits surgissent. Lorsque nous nous chargeons de notre croix, nos valeurs, nos principes moraux et nos objectifs changent, et cela peut provoquer un décalage avec notre entourage.

Nous sommes appelés à accomplir notre mission bien plus importante que chercher le confort et la tranquillité.

Dieu nous ordonne certes d'aimer notre famille, mais cet amour peut être égocentrique est devenu un prétexte pour ne pas le servir et ne pas accomplir la tâche qu'il nous a confiée.

Ne négligeons pas la famille, mais souvenons-nous que notre engagement envers Dieu est plus important encore. C'est à lui qu'il nous faut accorder la priorité.

Jésus n'est pas venu apporter une paix qui dissimuler nos profondes différences pour maintenir une simple harmonie de façade.

<u>À noter</u> : Des conflits et des désaccords surgiront inévitablement entre ceux qui choisissent de suivre Christ et les autres. Pourtant, nous pouvons d'ores et déjà nous réjouir, car le jour vient ou tous les conflits seront résolus.

À méditer : Ésaïe 9 : 5 à 6
Matthieu 5 : 9
Jean 14 : 27.

L'engagement en Dieu mène toujours à une séparation quelconque ; (famille, amis...) car le centre d'intérêt diffère.

Sans le vouloir nous ne saurons marcher ensemble, car les priorités sont autres pour ceux qui sont en Christ et autres pour ceux qui ne le sont pas.

L'idéal est de connaître Christ et le suivre ensemble dans une famille ou dans l'amitié pour continuer la marche ensemble sans conflits.

Le Satan peut utiliser les uns contre les autres, même les membres de notre propre famille pour arriver à son but.

A méditer Genèse 37 : 1 à 36

Dieu est notre priorité, aime Dieu et vit pour lui.

Et qu'il soit le premier en tout ce que nous entreprenons.   **Matthieu 10 : 37**

Nous charger de notre croix et suivre Jésus, c'est nous identifier publiquement à lui, supporter l'opposition certaine et être prêts à affronter les mêmes souffrances et la mort pour lui.

Matthieu 10 : 38

Matthieu 10 : 39

Ce verset exprime la même vérité de manière positive et négative :

- **Le fait de nous accrocher à cette vie peut nous priver du meilleure que Christ a préparé pour nous ici-bas et dans l'au-delà.**
- **Plus nous aimons les biens terrestre (plaisirs, puissance, popularité, sécurité financière...), plus nous découvrons à quel point ils sont éphémères.**
- **Le meilleur moyen de jouir vraiment de la vie consiste donc à nous libérer de l'emprise des possessions terrestre afin de pouvoir suivre Christ**

sans entraves ; nous héritons ainsi la vie éternelle et en recevons les bienfaits de Dieu ici-bas.

Description du combat et les armes

1 Timothée 6 : 12
" 12 Combats le bon combat de la foi, saisis la vie éternelle, à laquelle tu as été appelé, et pour laquelle tu as fait une belle confession en présence d'un grand nombre de témoins."

Il est important de se rappeler que les armes ne sont pas du monde naturel ou charnelles, Elles sont de l'esprit ou spirituel.

2 Corinthiens 10 : 3-4
"3 Si nous marchons dans la chair, nous ne combattons pas selon la chair. 4 Car les armes avec lesquelles nous combattons ne sont pas charnelles ; mais elles sont puissantes, par la vertu de Dieu, pour renverser des forteresses."

Plusieurs des auteurs du Nouveau Testament utilisent des termes de combat.

Ce ne sont pas des termes symboliques, mais une description de Guerre, dans laquelle nous sommes engagées. Ces Guerres doivent se faire dans le domaine spirituel.

CHAPITRE HUIT
CE QUI A CONNAÎTRE

Nous sommes attaqués par l'ennemi dans différents domaines de la vie : Familles, Finances, Travail, Pensées (mental), Corps (santé), Foyers, Voisins, Villes, Nations, Monde.
La chose la plus importante à retenir est que notre combat n'est pas contre des personnes, C'est contre Satan et ses mauvais esprits ; C'est dans le royaume spirituel.

Entrer en conflit avec des personnes amène à la frustration et à la défaite. Lorsque nous menons un combat, nous devons le faire avec amour ; Car celui qui nous combat est utilisé par le diable. Nous devons aimer nos ennemis, car nous vaincrons avec l'amour.

- Proverbes 25 : 21 à 22
- Romains 12 : 19 à 21

"19 Ne vous vengez point vous-mêmes, bien-aimés, mais laissez agir la colère ; car il est écrit : A moi la vengeance, à moi la rétribution, dit le Seigneur. 20 Mais si ton ennemi a faim, donne-lui à manger ; s'il a soif, donne-lui à boire ; car en agissant ainsi, ce sont des charbons ardents que tu amasseras sur sa tête. 21 Ne te laisse pas vaincre par le mal, mais surmonte le mal par le bien."

Ces versets résument l'essentiels de la vie chrétienne. Si nous aimons les autres comme Christ nous a aimé, nous serons disposés à pardonner.
Si nous avons expérimenté la grâce de Dieu, nous voudrons l'offrir aux autres.

Souvenons-nous que la grâce est une faveur imméritée. En donnant à boire à un ennemi, nous ne sommes pas en train d'excuser ses méfaits. Nous l'acceptons, lui pardonnons et l'aimons en dépit de ses péchés, exactement comme Christ l'a fait pour nous.

A cette époque, intenter un procès et revendiquer des droits était chose courante. L'enseignement de Paul paraît donc irréaliste. Si une personne nous blesse profondément, au lieu de lui rendre ce qu'elle mérite, il nous recommande de la traiter avec égards.

Pourquoi nous demande-t-il de pardonner à nos ennemis ?

1° Le pardon peut briser le cycle de la vengeance et conduire à la réconciliation.
2° L'ennemi peut se sentir honteux et changer d'attitude.
3° Le fait de rendre le mal pour le mal peut nous causer autant de torts qu'à notre ennemi. Même si notre ennemi ne manifeste jamais aucun remords, lui

accorder notre pardon nous libérera d'un lourd fardeau d'amertume.

Pardonner implique des changements d'attitude et des actes précis.

Si nous ne nous sentons pas enclins à pardonner à ceux qui nous ont blessé, essayons de les traiter avec grâce. Disons-leur, si possible, que nous voudrions voir notre relation restaurée. Aidons-les. Envoyons-leur un cadeau. Sourions-leur. Bien souvent, les manières d'agir juste nous inspirent des sentiments justes.

Combattre avec la haine, c'est utilisé l'arme du diable. 1 Jean 2 : 9 - 11

″ Celui qui dit qu'il est dans la lumière, et qui hait son frère, est encore dans les ténèbres. Celui qui aime son frère demeure dans la lumière, et aucune occasion de chute n'est en lui. Mais celui qui hait son frère est dans les ténèbres, il marche dans les ténèbres, et il ne sait où il va, parce que les ténèbres ont aveuglé ses yeux.″

1 Jean 3 : 11 - 19

Caïn a tué son frère Abel lorsque Dieu a accepté l'offrande de ce dernier tout en rejetant la sienne. À méditer : Genèse 4 :1 à 16.

L'offrande d'Abel a révélé que Caïn n'avait pas présenté à Dieu ce qu'il avait de meilleur, et sa jalousie l'a poussé au meurtre. Tout commence par la jalousie qui conduit à la haine et celle-ci te pousse à l'irréparable.

Les personnes moralement juste dénoncent et dérangent, par leur vie, celles qui ne le sont pas.

Si nous vivons pour le Seigneur, le monde nous détestera probablement, parce que ce contact fait douloureusement prendre conscience de l'immoralité.

Voilà pourquoi nous sommes haïs de tous, accusés partout, à cause de la lumière qui est en nous.

<u>Verts clé. V.15</u> "Quiconque hait son frère est un meurtrier, et vous savez qu'aucun meurtrier n'a la vie éternelle demeurant en lui."

Jean fait écho à l'enseignement du Seigneur Jésus Christ suivant lequel celui qui déteste son prochain est un meurtrier dans son cœur. À méditer : Matthieu 5 : 21-22.

Le christianisme est étroitement lié au cœur ; une adhésion extérieure n'a pas de la place. Si nous éprouvons de l'amertume envers une personne qui nous a causé du tort, c'est un cancer mortel en nous qui finira par nous détruire.

Combien de vies sont détruites à cause de l'amertume ?

Ne permettons pas à des racines d'amertume de prendre contrôle, que ce soit en nous ou dans l'Église.

Hébreux 12 :14 à 15

"14 Recherchez la paix avec tous, et la sanctification, sans laquelle personne ne verra le Seigneur. 15 Veillez à ce que nul ne se prive de la grâce de Dieu ; À ce qu'aucune racine d'amertume, poussant des rejetons, ne produise du trouble, et que plusieurs n'en soient infectés ; ..."

La sainteté est liée à une vie paisible, car une relation juste avec Dieu entraîne une relation juste avec nos frères et sœurs en Christ.

Même si nous ne ressentons pas de l'amour pour eux nous devons rechercher la paix avec tous ; ressemblons toujours plus à notre Seigneur.

Veillons afin que l'amertume ne se développe pas dans nos cœurs qu'elle ne détériore pas nos relations les plus intimes.

Une racine d'amertume née si nous laissons la déception se transformer en ressentiment ou si nous nous nourrissons par la rancune par rapport à nos blessures passées.

L'amertume suscite la jalousie, la division, l'immoralité ; l'action bienfaisante du Saint Esprit peut guérir ses blessures en nous.

Dieu a fait en sorte que la famille, la communauté chrétienne soit là pour que nous puissions avancer et réussir notre mission, projets, appels..., mais l'objectif du diable est de détruire cette union pour nous affaiblir et prendre le contrôle de toutes choses.

Ce que le diable veut, c'est de nous priver de notre identité et de nous empêcher de récupérer notre ressemblance de Dieu. L'amour nous identifie à Dieu et, c'est ce qui fait de nous des dieux.

Psaume 82 : 6 à 7

"6 J'avais dit : Vous êtes des dieux, Vous êtes tous des fils du Très-Haut. 7 Cependant vous mourrez comme des hommes, Vous tomberez comme un prince quelconque..."

Nous sommes des dieux, parce que nous sommes créés par son image et sa ressemblance, nous représentons Dieu sur la terre.

Le diable s'acharne pour nous empêcher de retrouver notre ressemblance et de garder notre identité, nous ne devons pas permettre à l'ennemi de nous empêcher de jouir de ce qui est notre droit.

Jean 13 : 34 à 35

"34 Je vous donne un commandement nouveau : Aimez-vous les uns les autres ; comme je vous ai aimés, vous aussi, aimez-vous les uns les autres. 35 A ceci tous connaîtront que vous êtes mes disciples, si vous avez de l'amour les uns pour les autres."

C'est l'amour qui nous identifie à Dieu, nous sommes des disciples, un disciple ressemble et fait la volonté de son maître.

Pour récupérer cette ressemblance nous devons avoir de l'amour et fuir la haine du diable.

L'amour est plus que des simples sentiments d'affection, c'est une identité et une attitude qui se révèlent dans nos actions.

Comment aimer les autres comme Jésus Christ nous a aimés ?

En proposant notre aide même lorsque cela nous dérange, en donnant même lorsque cela fait mal, en consacrant de l'énergie au bien-être des autres plutôt qu'à notre confort, en acceptant les offenses sans nous plaindre et sans nous venger.

Reconnaissons qu'il est difficile d'aimer ainsi. C'est la raison pour laquelle notre entourage remarque cet amour lorsque nous le mettons en pratique, et ils sauront que nous bénéficions d'une force surnaturelle qui vient du Saint Esprit.

À méditer 1 Corinthiens 13.

1 Jean 4 : 20

"Si quelqu'un dit : J'aime Dieu, et qu'il haïsse son frère, c'est un menteur ; car celui qui n'aime pas son frère qu'il voit, comment peut-il aimer Dieu qu'il ne"

Le véritable test de l'amour est dans notre manière de traiter des personnes que nous avons en face de nous, les membres de la famille et les autres chrétiens ; nous ne pouvons pas vraiment aimer Dieu et négliger ceux qu'il a créés à son image. Si réellement l'amour est notre identité, nous devons avoir la compassion, l'empathie et la serviabilité pour les autres.

À noter : On ne combat pas avec les armes de l'ennemi. L'amour triomphe toujours…

QUI EST NOTRE ENNEMI ?

Si nous savons que nous sommes en guerre, il est important d'établir qui est notre ennemi.
Est- ce ? :

Notre famille ?
Les personnes avec qui nous travaillons.
Notre gouvernement ?
Nos finances ?
La réponse est : Non !

La guerre ne doit pas être menée dans la confusion, vous devez connaître votre ennemi avant de le combattre ; pour mieux cibler et attaquer.
Notre ennemi est Satan, le diable, il incarne ces quatre organes qui dirige le monde :
- Dirigeants

- **Autorités**
- **Puissances**
- **Forces Spirituelles.**

"Jean 5 : 19. Nous savons que nous sommes de Dieu, et que le monde entier est sous la puissance du malin"

Le monde est sous l'emprise du diable, il est infiltré dans l'église et y inculque l'hypocrisie.

L'apôtre Paul fait une description très graphique de notre ennemi.
Il nous dit que notre combat n'est pas contre les personnes qui nous entourent.
Il nous dit de ne pas combattre contre la chair et le sang.

Ephésiens 6 : 12

"12 Car nous n'avons pas à lutter contre la chair et le sang, mais contre les dominations, contre les autorités, contre les princes de ce monde de ténèbres, contre les esprits méchants dans les lieux célestes."

Le Diable est notre adversaire.
Pierre nous l'a clairement démontré.

1 Pierre 5 : 8

" 8 Soyez sobres, veillez. Votre adversaire, le diable, rôde comme un lion rugissant, cherchant qui il dévorera."

Le lion attaque les animaux malades, jeunes ou isolés ; il choisit des victimes seules ou trop lentes. Pierre nous avertit ; se méfier de Satan quand nous souffrons ou subissons la persécution.

Lorsque nous nous sentons seuls, faibles, impuissants et isolés des autres chrétiens, nous nous focalisons sur nos problèmes et nous oublions de nous méfier du danger.

C'est alors que nous sommes particulièrement vulnérables aux attaques de Satan.

Quand nous traversons des temps d'épreuve, cherchons le soutien des autres chrétiens.

À noter : Gardons nos yeux sur le Seigneur Jésus Christ, résistons au diable, et il fuira loin de nous. Jacques 4 : 7

Machinations ou complot.

Ensemble de manœuvres secrètes et déloyales pour faire aboutir un mauvais dessein.

Les machinations du diable sont les stratégies et les plans qu'il utilise contre nous pour nous tromper.

Il a un plan de combat, de caractère militaire, qu'il utilise pour essayer de nous vaincre.

Toutefois, comme nous sommes avertis de ses plans, nous devons connaître encore plus l'armure et les armes que Dieu a prévu pour notre combat.

L'armure est pour notre défense. Les armes sont pour une offensive victorieuse contre nos ennemis.

Ephésiens 6 : 11 à 18

11 Revêtez-vous de toutes les armes de Dieu, afin de pouvoir tenir ferme contre les ruses du diable.

Dans les anciens temps, le soldat n'était équipé pour la guerre qu'à partir du moment où il était revêtu de son armure.

À ce moment-là, Paul était un prisonnier, et probablement il était proche du camp prétorien à Rome, car selon la coutume romaine il était sous la responsabilité du préfet prétorien.

Il est possible qu'il ait utilisé cette image à cause de ce qu'il voyait là-bas. L'armure n'était non seulement faite pour se protéger de l'ennemi, mais aussi pour l'attaquer.

L'ARMURE DE DIEU

"Revêtez-vous de toutes les armes de Dieu, afin de pouvoir tenir ferme contre les ruses du diable. Car nous n'avons pas à lutter contre la chair et le sang, mais contre les dominations, contre les autorités, contre les princes de ce monde de ténèbres, contre les esprits méchants dans les lieux célestes."
Ephésiens 6 : 11-12

Les chrétiens doivent se revêtir de toute l'armure de Dieu, celle qu'Il leur a préparée et mise à leur disposition.
L'armure chrétienne est faite pour être portée ; nous ne devons pas ôter cette armure tant que notre combat n'a pas cessé.
En ces temps-là, les combats se faisaient corps à corps.
Alors qu'il nous semble être attaquer par la chair et le sang, nos ennemis réels sont les puissances mauvaises.

CHAPITRE NEUF
DES ARMES DE DIEU

Nous avons les armes défensives et offensives.

- 1ère La vérité pour ceinture.
Apôtre Paul, nous invite à chercher la vérité, à approfondir notre quête et à comprendre sa doctrine pour mieux discerner les mensonges du mauvais Esprit.

Cette vérité est la description de l'Evangile (Ephésiens 1 :13).
En Romains 1 : 16, l'Evangile est présenté comme la puissance de Dieu.
La vérité caractérise la vie en Christ
Ephésiens 4 : 25 ; 5 : 9.
Dans Ephésiens 6 : 14, **la vérité représente la ceinture.**

Celle-ci entoure tous les autres constituants de notre armure, elle est d'ailleurs mentionnée en premier lieu. Il ne peut pas y avoir de religion sans authenticité. La ceinture tenait l'armure en place et portait l'épée. Ainsi, la vérité maintient l'armure du chrétien et l'épée de l'Esprit.

En d'autres termes, la ceinture est la vérité divine clairement reconnue et devenue vérité pratique en nous, c'est-à-dire la sincérité, la droiture du caractère qui hait toute communion avec le royaume du mensonge et des ténèbres est la force qui recueille les pensées errantes, la lumière qui fait reconnaître l'ennemi sous tous ses déguisements, et rend l'âme capable de lutter victorieusement. L'arme offensive elle-même, l'épée est suspendue à cette ceinture.

- 2ème Armes. La justice pour cuirasse.

Pour contrer la culpabilité et la condamnation qui proviennent de l'Accusateur, le Seigneur nous invite à pratiquer la justice.

Apocalypse 12 : 9 - 10

″ 9 Et il fut précipité, le grand dragon, le serpent ancien, appelé le diable et Satan, celui qui séduit toute la terre, il fut précipité sur la terre, et ses anges furent précipités avec lui. 10 Et j'entendis dans le ciel une voix forte qui disait : Maintenant le salut est arrivé, et la puissance, et le règne de notre Dieu, et l'autorité de son Christ ; car il a été précipité, l'accusateur de nos frères, celui qui les accusait devant notre Dieu jour et nuit.″

Job 1 : 8 - 12

″ 8 L'Eternel dit à Satan : As-tu remarqué mon serviteur Job ? Il n'y a personne comme lui sur la terre ; c'est un homme intègre et droit, craignant Dieu, et se détournant du mal. 9 Et Satan répondit à l'Eternel : Est-ce d'une manière désintéressée que Job craint Dieu ? 10 Ne l'as-tu pas protégé, lui, sa maison, et tout ce qui est à lui ? Tu as béni l'œuvre de ses mains, et ses troupeaux couvrent le pays. Mais étends ta main, touche à tout ce qui lui appartient, et je suis sûr qu'il te maudit en face.12 L'Eternel dit à Satan : Voici, tout ce qui lui appartient, je te le livre ; seulement, ne porte pas la main sur lui. Et Satan se retira de devant la face de l'Eternel. "

Job 2 : 5

"Mais étends ta main, touche à ses os et à sa chair, et je suis sûr qu'il te maudit en face."

Zacharie 3 : 1

"Il me fit voir Josué, le souverain sacrificateur, debout devant l'ange de l'Eternel, et Satan qui se tenait à sa droite pour l'accuser."

Luc 22 : 31

"Le Seigneur dit : Simon, Simon, Satan vous a réclamés, pour vous cribler comme le froment."

- 3ème Armes Le zèle de l'évangile de paix.

La première invitation à l'action ; cet action et pacifique est fondée sur l'Évangile.

Jean 13 : 34

" Aimez-vous les uns les autres comme je vous ai aimés."

Le zèle de l'évangile a une grande particularité parmi les armes spirituelles ; il est représenté par des chaussures aux pieds.

Il ne dit pas faites de l'évangile la chaussure à vos pieds, mais faites du zèle pour l'Évangiles la chaussure à vos pieds.

Romains 12.11
" Ayez du zèle, et non de la paresse. Soyez fervents d'esprit. Servez le Seigneur."

Le zèle est une ardeur, motivation dévorante à faire quelque chose.

Le Seigneur nous exhorte à lutter face aux pièges du malin, à nous laisse guider chaque jour par le zèle pour annoncer Sa Parole.

Les pieds sont synonymes des déplacements, d'avancée, de mouvement.

On perçoit au travers de ce verset une invitation du Seigneur pour conditionner nos projets, notre vie, nos actions par la motivation à annoncer Son royaume.
Ce qui doit conditionner chaque projet, chaque action, c'est le zèle pour propager l'évangile de paix.

Le combat peut être là, mais nous devons avancer.
De n'est pas avoir peur de la mort pour réaliser notre mission ou atteindre le but de notre existence sur la terre, et de Servir Le Seigneur.

1 Corinthiens 9 : 16
" Si j'annonce l'Évangile, ce n'est pas pour moi un sujet de gloire, car la nécessité m'en est imposée, et malheur à moi si je n'annonce pas l'Évangile."

On retrouve dans ce zèle de l'apôtre Paul, la notion de nécessité.
De même pour le soldat qui porte ses chaussures avant de rejoindre le champ

de bataille, il est nécessaire pour le chrétien de s'armer du désir ardent d'annoncer l'évangile.

Sans cette motivation, toutes ses actions, tous ses projets, tout mouvement du chrétien est sans force.

Le zèle nous donne la motivation, nous facilite dans notre avancement.

Notre motivation à glorifier Dieu c'est ce qui nous distingue du monde.

Le chrétien doit être différent des personnes qui n'ont pas Christ dans leur vie ; Nous, notre motivation vient de Dieu et de sa parole.

Qui me séparera de l'amour du Seigneur Jésus Christ. Romains 8 : 35

J'ai ne pas honte de l'Évangile du Seigneur...Romains 1 : 16

Tout un Chacun, doit comprendre ce qui est essentielle dans nos vies.

Que notre engagement reste le même
Quel que soit notre situation, je ne cesserai pas de parler de Dieu, et de son amour.

Que Dieu soit glorifié dans tous ce que nous faisons.
Perdre ce qui est essentielle, c'est perdre la vie ; la vie en Christ est un engagement.
Apôtre Paul avait comme don et appel d'annoncer la bonne nouvelle, et il ne pourrait pas s'arrêter, même s'il le voulait. Il était animé du désir de faire la volonté du Seigneur en employant ses dons pour la gloire de Dieu.

Qu'avons-nous reçu comme don ?

Désirons nous honorer Dieu, en mettant ce don à son service ?

Il est important de connaître les dons que nous avons reçu de Dieu, afin de les mettre à son service. Car nous avons tous reçu de lui quelques choses.

À méditer : Matthieu 25 : 14 - 30 L'histoire du talent.

1 Corinthiens 10 : 31

" Soit donc que vous mangiez, soit que vous buviez, soit que vous fassiez quelque autre chose, faites tout pour la gloire de Dieu "

On retrouve ici encore cette pensée selon laquelle, chaque action doit être motivée par ce désir de glorifier Dieu. Quelle est la meilleure manière de glorifier Dieu, si ce n'est pas de propager l'évangile de paix ! Il en existe plusieurs, pour propager cette Parole de Dieu. Il ne s'agit pas uniquement d'aller dans les rues et crier à qui veut l'entendre que Jésus sauve encore.

Cela peut être au travail, à l'école, dans les transports, au supermarché ; Peu importe où nous sommes, ou ce que nous faisons, la condition est la même, que nos actes doivent être motivés par le désir de glorifier Dieu, et d'annoncer l'Évangile.

Nos vies doivent être un témoignage pour Dieu, le zèle doit transformer ce monde, et que la Parole de Dieu soit visible dans nos actions.

Quoique nous fassions, sans ce zèle pour annoncer d'une manière ou d'une autre l'Évangile de Christ, nous perdrons du terrain sur le champ de bataille.

Armons-nous donc de ce zèle pour annoncer Christ dans chacune de nos actions et nous ferons reculer le diable.

- 4ème Armes Le Bouclier de la foi.

Parmi les besoins que l'homme peut avoir, celui de la protection est le besoin que l'on recherche le plus.

Personne n'aime être exposé ou en insécurité. Pour cela, les gens ont recours à toutes sortes de pratiques.

Certains vont consulter des charlatans, des devins, marabouts et s'attachent à des totems, des statues ou encore à des amulettes pour assurer leur protection.

Or la foi en Jésus-Christ est la meilleure protection que l'homme peut avoir dans ce monde remplis d'incertitude.

Dans les guerres antiques, on se servait de flèches enduites de poix et de résine que l'on enflammait au moment de les lancer.

Les légionnaires romains les recevaient sur leurs grands boucliers qu'ils trempées parfois dans l'eau pour pouvoir mieux éteindre les flèches incendiaires.
Ces projectiles envoyés à la main et très dangereux à moins qu'ils ne soient arrêtés par le bouclier.

Le bouclier romain rectangulaire, long d'environ 1 mètre demi, recouvrait le corps entier et était une protection complète en lui-même. Il protégeait des flèches enflammées de l'adversaire.

De même la foi, celui qui fait entièrement confiance en Dieu et qui ne doute pas.

Sans la foi en Dieu, on devient vulnérables, le diable peut faire de ta vie, ce qu'il veut.

Qu'est-ce qu'un bouclier de la foi ?

Un bouclier de la foi est une arme défensive portée par un combattant pour se protéger des flèches.

Éphésiens 6 :16

" prenez par-dessus tout cela le bouclier de la foi, avec lequel vous pourrez éteindre tous les traits enflammés du malin."

Donc dans un combat spirituel, les attaques viennent de tous les côtés et nous sommes la cible de milliers de traits enflammés de l'ennemi.

C'est là que nous avons besoin de brandir le bouclier de la foi. La foi est la meilleure de toutes les défenses. La foi nous défend et nous protège.

Quels sont les traits enflammés du malin que la foi éteinte ?

- **Le doute**
- **La dépression**

- **Le découragement**
- **L'impatience**
- **Les manques**
- **Le désespoir**
- **La maladie**
- **Soucis**
- **Rejet**
- **Raisonnement...**

Tout ce qui est nuisibles à la vie spirituelle et physique.

Satan sème, le doute chez les êtres humains depuis le jour où il demanda à Eve dans le jardin d'Éden :

"Dieu a-t-il réellement dit : vous ne mangerez pas de tous les arbres du jardin ?" Genèse 3 : 1

Dès l'instant où tu ouvres la porte au doute, même un peu, Satan entre en force et suscite l'incertitude, le désespoir et la dépression.

De quoi as-tu besoin quand tu es la cible de tels traits enflammés ?

D'une seule chose, LA FOI.
Évaluons tout attaques face à la Parole de Dieu, cette foi en la parole de Dieu nous défend ; car en se réfèrent à la Parole de Dieu, nous faisons le bon choix.
La foi consiste à croire aux promesses de Dieu quand tout va mal dans notre vie.
Aussi longtemps que tu n'es pas constamment exposé à la Parole de Dieu d'où proviennent la foi, tu tomberas sous les attaques de Satan. Romains 10 :17
"17 Ainsi la foi vient de ce qu'on entend, et ce qu'on entend vient de la parole de Christ."
Si tu trébuches sous les attaques de Satan.
Il nous faut brandir la foi comme étant le bouclier, et la foi détruira toutes formes de doute qui veut détruire la certitude de la vie en toi.

Lorsque Satan envoie les traits enflammés du doute contre nous, appuyons-nous sur les promesses de Dieu et levons le bouclier de la foi.

En écoutent la parole de Dieu ; elle crée en nous :

- La foi
- Elle nous fait grandir spirituellement et physiquement.
- Elle développe notre capacité de comprendre le plan et la volonté de Dieu sur nos vies.
- De faire confiance à Dieu peu importe la situation.
- Elle donne la force de se relever, de notre chute.

À noter :

1. Quelques soit nos faiblesses ou tentations subit, reconnaissons nos fautes auprès de Dieu, en se repentant et

relevons-nous, continuons avec Le Seigneur Jésus Christ.

2. Ne laissons pas le diable nous vaincre en se laissant dans cet état de faiblesse et de culpabilité.

2. La parole de Dieu nous fortifie et nous fait avancer.

En effet, le doute peut causer une paralysie et empêcher des personnes les plus prolifiques à réussir dans la vie.

Le doute peut ronger l'homme du plus profond de lui-même et inhiber tous les talents et les trésors que Dieu a mis en lui.
La foi par contre nous libère et nous permet d'exprimer ce qu'il y a de meilleur en nous.

La foi te permet de voir le positif, la solution même quand tu vis le négatif et l'impossible d'un point de vue humain.

Un autre trait enflammé du malin pour lequel la foi nous sert de bouclier est la maladie. Dieu utilise plusieurs moyens pour nous garder en bonne santé. La médecine, l'onction, la délivrance d'esprits impurs et la foi. Par une prière avec foi, toute maladie est vaincue. L'apôtre Jacques fait cette déclaration :

Jacques 5 :15

" la prière de la foi sauvera le malade, et le Seigneur le relèvera."

En d'autres termes, le malade sera guéri si l'on prie pour lui avec foi.

La prière seule n'est pas suffisante, il nous faut y ajouter la foi, ce que la bible dit : Matthieu 9 : 29.

" qu'il vous soit fait selon votre foi "

Une foi sans prière reste efficace mais une prière sans foi ne sert à rien.

Enfin, la foi nous aide à contrecarrer les mauvaises pensées que le malin introduit dans le cœur et dans le subconscient des croyants.

Elle nous permet de nous focaliser sur les promesses de Dieu dans notre vie et non sur les aspects négatifs de notre existence.

Pour autant, je peux affirmer avec certitude que la vraie protection se trouve dans notre foi en Jésus-Christ pas dans des statues ou encore des amulettes.

La foi éteint, arrête et met fin à tous les doutes, les murmures et les mauvaises suggestions des méchants.

Le diable est méchant, ses tentations virulentes face aux quelles l'âme est confrontée au feu de l'enfer sont des véritables flèches que Satan décoche contre nous.

Elles peuvent se présenter également sous forme mauvaises pensées à l'égard de Dieu, ou contre nous-mêmes.
La foi, qui se base sur la Parole de Dieu est une Grâce de Christ.
Eteint les flèches enflammées de la tentation.
La foi est aussi l'arme offensive :

1 Samuel 17 : 32 - 47

" 45 David dit au Philistin : Tu marches contre moi avec l'épée, la lance et le javelot ; et moi, je marche contre toi au nom de l'Eternel des armées, du Dieu de l'armée d'Israël, que tu as insultée. 46 Aujourd'hui l'Eternel te livrera entre mes mains, je t'abattrai et je te couperai la tête ; aujourd'hui je donnerai les cadavres du camp des Philistins aux oiseaux du ciel et aux animaux de la terre. Et toute la terre saura qu'Israël a un Dieu. 47 Et toute cette multitude saura que ce n'est ni par l'épée ni par la lance que l'Eternel sauve. Car la victoire appartient à l'Eternel. Et il vous livre entre nos mains."

La foi ne peut être en action quand la peur est là.
Quelque soit la pertinence du problème lorsque nous voyons l'échec, c'est l'échec qui arrivera, mais en voyant ou en ayant la foi en Jésus-Christ, que la solution vient, et ça viendra aussi.

Le diable nous fait peur pour nous Oter, notre foi en Dieu.
L'armée d'Israël était là, mais personne été capable d'affronter Goliath, parce qu'ils avaient perdu la foi en Dieu.

Les critiques peuvent surgir pour nous faire douter, décourager et parfois cela provient de nos proches ; notre famille, c'est dans un but précis, nous déstabiliser et nous éloigner de Dieu.

Le plus important c'est de rester dans ce que Dieu t'a dit, et sur ce qu'il fera. Ne pas perdre l'objectif, ne pas être désorienté. L'importance c'est l'action ; faire, pour devenir ce que l'on doit devenir.

Malgré les critiques, continuons à faire ce qui est juste devant Dieu.
Seule l'Approbation de Dieu est primordiale, la seule opinion, c'est celle de Dieu.
La foi en Dieu nous pousse à se débarrasser de tous ce qui peut rendre notre avancement difficile, ce qui peut freiner notre vision.

David n'étant gêné ni par le poids d'une armure ni par celui de lourdes armes, David peut se déplacer bien plus vite que Goliath. 1 Samuel 17 : 39.

La foi en Dieu nous rend souple, léger.

En Dieu nous devons savoir refuser tout mélange et d'autres propositions.

Cet homme était courageux grâce à la foi qu'il plaçait en Dieu. Pour être un aussi bon combattant, nous avons besoin d'être animée par la même confiance au Seigneur comme lui.

La confiance s'était développée au fil des combats qu'il a eu à mener contre les animaux sauvages.
Dieu permet des épreuves dans nos vies pour nous forger et nous montrer que nous pouvons Lui faire confiance.

Face aux problèmes rappelons-nous de la façon dont Dieu avait agi puissamment dans le passé et prenons courage, car il est toujours là et il nous donne la force nécessaire.

À noter : La source de notre motivation se trouve dans ce que l'Éternel avait fait autrefois.

La foi comme une arme offensive :

- Elle nous rend plus souple, flexible face aux problèmes.
- Elle nous donne du courage, on est alors plus fort dans le combat.
- Elle nous rassure et assure notre victoire.
- Grâce à la foi, nous avons l'avantage sur nos ennemis.
- Elle change nos situations, elle nous restaure…
- La foi concrétise la victoire dans nos vies.
- La foi nous donne la conviction de la réussite certaine ; elle matérialise notre victoire.

- **La foi nous positionne dans la supériorité**
- **Elle fait de nous des gagnants.**

Jésus lui dit : Si tu peux ! Tout est possible à celui qui croit. Marc 9 : 23

Pour que quelque chose change dans nos vies, cela dépend de nous-mêmes.

Marc 9 : 21 - 24

La foi rend toute chose possible ; tout est possible à celui qui croit.

La foi = Confiance à Dieu.

- 5ème Le casque du salut.

"prenez aussi le casque du salut." ÉPHÉSIENS 6 : 17

1- A quoi sert un casque ?

Il existe plusieurs types de casques dont la fonction diffère et répond à des besoins précis. On peut néanmoins, déceler deux rôles majeurs pour un casque.

- **Le casque est un outil protecteur : Notre équipement, nous protège ; le casque est chargé de protéger l'organe le plus fragile et le plus vital de notre corps.**

- **Le cerveau est composé de plusieurs parties qui ont chacune des rôles spécifiques, pour faire fonctionner le corps.**

POURQUOI UN CASQUE ?

- **Porter un casque correctement ajusté évite à la tête d'absorber toute la force de l'impact d'une chute, ce qui peut réduire jusqu'à 85 % le risque de traumatisme crânien et cérébral grave.**
- **Le crâne humain a une épaisseur d'environ un centimètre.**

- Il peut être fracassé par un impact se produisant à seulement 7 km/h.
- Les jeunes cyclistes se déplacent à des vitesses moyennes de 11 à 16 km/h.
- Cela rappelle quand quelqu'un apprend à faire du vélo, qu'on le dit, qu'il doit toujours porter un casque pour se protéger si toutefois il chutait.
- Le casque est également un outil de communication.
- Il reçoit et émet nos messages.

Nous portons le casque généralement sur la tête, symbole de direction.

Si nous comprenons l'utilité du casque physique, alors nous pourrions comprendre facilement ce qui est spirituel.

Apôtre Paul a parlé des armes spirituelles comme étant physique afin que la matière soit mieux assimilée, pour être utiliser jusqu'à avoir la victoire.

2- Que veut dire casque du salut ?

1 Thessaloniciens 5 : 8
" Mais nous qui sommes du jour, soyons sobres, ayant revêtu la cuirasse de la foi et de l'amour, et ayant pour casque l'espérance du salut."

Le casque du salut, est l'espérance du salut.

Le casque était pour protéger la tête des soldats, chrétiens.

Salut : Grec SOTERIA=> Délivrance, préservation, sécurité, guérison, santé spirituelle.

Le salut comprend tous les actes de la rédemption de Christ ; Cela est une expérience pour chaque étape de la vie du chrétien.

Les armes spirituelles accompagnent le chrétien à tout moment, car on ne sait pas quand le combat ou l'attaque peut arriver. Le casque protège le salut que nous avons reçu de Christ, sans celui-ci nous sommes vulnérables.

Colossiens 1 : 26 - 27

"26 le mystère caché de tout temps et dans tous les âges, mais révélé maintenant à ses saints, qui Dieu a voulu leur faire connaître la glorieuse richesse de ce mystère parmi les païens, savoir : Christ en nous, l'espérance de la gloire."

Apôtre Paul nous fait comprendre que nous avons la rédemption et elle est pour tous ceux qui donnent leur vie à Christ. Il démontre que les enseignements étaient erronés à propos du salut, les prétendus enseignants qui sévissent dans l'Église de colosses croient que la perfection spirituelle fait partie d'un plan secret que seuls quelques privilégiés peuvent découvrir et qui ne concerne pas tout le monde.

Paul réplique, il prêche la parole de Dieu à tout le monde, dans toute sa Plénitude ; en démontrant que le salut est pour tous et non pour un groupe de personnes.

Le plan de Dieu est certes un mystère caché de tout temps et à toutes les générations, mais cela ne signifie pas que seule une petite minorité de personnes puisse le comprendre ; cela signifie qu'il était caché jusqu'à la venue de Christ.

En lui, ce plan est révélé à tous, et voici en quoi il consiste :

- Christ en nous…
- Que nous soyons sauvés
- Que nous retrouvons la nature divine...

Dieu a voulu que son fils, Jésus Christ, vive dans le cœur de tous ceux qui croient en lui, y compris les non-chrétiens (les païens).

Connaissons-nous Christ ?

Il ne se cache pas quand on vient à lui. Christ est venu afin que la révélation vienne, ce qui été caché, l'était jusqu'à la venue de Christ ; Dieu a décidé de les révéler à tous, sans exception.

Tous = Ceux qui ont Christ dans leur vie.

1Timothée 1 : 1

"Paul, apôtre de Jésus-Christ, par ordre de Dieu notre Sauveur et de Jésus-Christ notre espérance."

Apôtre Paul était mal jugé ou compris lorsqu'il parlait de Christ car il fut un persécuteur de l'église et des disciples de Christ.

Là il se présente comme étant celui que Dieu a choisi et établis pour accomplir une mission, celle de prêcher Le Seigneur Jésus Christ ressuscité.
C'est Dieu qu'il a changé et transformé, car la rédemption est pour ceux qui ont cru en Christ.

Jésus est notre espérance de la gloire, nous voyons le fondement de notre espérance à travers l'œuvre de la croix, qui est son sacrifice ultime.

Il s'est donné pour que nous puissions retrouver la gloire présente et celle à venir.
La vie d'un chrétien ne dépend pas de ce que les hommes disent, mais de l'œuvre de la croix.

Hébreux 6 : 13 - 20

"17 C'est pourquoi Dieu, voulant montrer avec plus d'évidence aux héritiers de la promesse l'immutabilité de sa résolution, intervient par un serment,18 afin que, par deux choses immuables, dans lesquelles il est impossible que Dieu mente, nous trouvions un puissant encouragement, nous dont le seul refuge a été de saisir l'espérance qui nous était proposé. Cette espérance, nous la possédons comme une ancre de l'âme, sûre et solide; elle pénètre au-delà du voile, 20 là où Jésus est entré pour nous comme précurseur, ayant été fait souverain sacrificateur pour toujours, selon l'ordre de Melchisédek."

L'espérance est l'ancre de l'âme, sûre et solide. Qui fixe profondément nos sentiments, nos habitudes, nos principes moraux nos vies en Christ.

Les promesses de Dieu ne changent pas, elles sont dignes, car Dieu est immuable et digne de confiance.
Lorsqu'il a promis un fils à Abraham, il a prêté serment en son nom et il l'a fait.

Ces deux actes irrévocables sont la promesse de Dieu et son serment.

Dieu incarne toute la vérité ; par conséquent, il ne peut mentir. Puisqu'il est la vérité, nous pouvons être sûrs de ses promesses ; nous n'avons pas besoin de nous demander s'il changera ses plans dans notre vie.

Notre espérance est sûre et inébranlable, ancrée en lui, tout comme l'ancre d'un bateau qui tient fermement au fond de la mer.

Celui qui le cherche vraiment avec foi, Dieu donne une promesse et il la réalise. Lorsque nous lui demandons en toute franchise, honnêteté et sincérité de nous délivrer de nos péchés, il le fait.

Cette vérité devrait nous encourager et nous donner de l'assurance et de la confiance.

Notre assurance vie.

2 Corinthiens 4 : 3-4
"3 Si notre Evangile est encore voilé, il est voilé pour ceux qui périssent ; 4 pour les incrédules dont le dieu de ce siècle a aveuglé l'intelligence, afin qu'ils ne vissent pas briller la splendeur de l'Evangile de la gloire de Christ, qui est l'image de Dieu."

Le casque du salut est notre assurance vie.

Nous vivons dans un monde qui a perdu la raison. Le problème se trouve dans le raisonnement humain, de ce que les hommes pensent de ce monde.

Genèse 6 : 5
5 L'Eternel vit que la méchanceté des hommes était grande sur la terre, et que toutes les pensées de leur cœur se portaient chaque jour uniquement vers le mal.

Ce fut l'une des raisons pour laquelle Dieu a envoyé le déluge.

Les cœurs des hommes tournaient continuellement autour du mal.

C'est le for intérieur du chrétien qui détermine, la défaite, ou la victoire dans une bataille.

Ce que nous pensons, en tant que chrétien, est vital pour notre réussite...

Proverbes 23 : 7

"7 Car il est comme les pensées de son âme. Mange et bois, te dira-t-il ; Mais son cœur n'est point avec toi."

Nos pensées influencent nos attitudes, nos attitudes affectent nos actions et nos actions deviennent des habitudes et nos habitudes deviennent notre façon de vivre.

Voilà pourquoi, notre ennemi veut contrôler nos pensées...

S'il contrôle nos pensées, il peut nous vaincre et nous tenir esclaves.

L'avantage de casque du salut :

2 Corinthiens 10 : 3-5

" 3 Si nous marchons dans la chair, nous ne combattons pas selon la chair. 4 Car les armes avec lesquelles nous combattons ne sont pas charnelles ; mais elles sont puissantes, par la vertu de Dieu, pour renverser des forteresses. 5 Nous renversons les raisonnements et toute hauteur qui s'élève contre la connaissance de Dieu, et nous amenons toute pensée captive à l'obéissance de Christ. "

Lorsque nous prenons le casque du salut, nous protégeons notre tête, notre entendement et en même temps nous avons une ancre pour notre âme.

L'Entendement :

1. Faculté de connaître, de comprendre.

2. Ensemble des facultés intellectuelles. Le cerveau, l'esprit, l'intellect, l'intelligence, le jugement, la raison.

Le cerveau : Masse de substance nerveuse qui occupe la cavité du crâne chez l'homme et les animaux vertébrés, et est un des principaux organes de la vie. Le cerveau est le centre des sensations et le siège des penchants, de l'intelligence et de la volonté.

L'Esprit : Substance incorporelle et intellectuelle.
L'intention : orientation, tendance, sens, but, optique.

- **Intention : Acte de la volonté par lequel on détermine le but d'une action, le motif qui fait agir.**

Synonymes : désir, dessein, idée, projet, but, fin, préméditation, résolution, velléité.

- **Orientation : Art de reconnaître l'endroit où l'on est, en déterminant les points cardinaux.**

Position d'un objet relativement aux pôles.

- Terme d'astronomie :

Disposition convenable des appareils d'observation.

- Terme de marine :

Disposition convenable des vergues et des voiles.

- Point de vue spirituel :

Une disposition convenable de marcher avec Dieu.

- Tendance : L'action, la force par laquelle un corps est porté à se mouvoir.
- Dans la Sens figuré : Inclinaison, penchant, la direction du mouvement que nous suivons.

Sens : Faculté par laquelle les êtres animés reçoivent les impressions du monde extérieur : vue, ouïe, toucher, goût, odorat.

- **Faculté de comprendre les choses et d'en juger sainement : avoir du bon sens.**

But : Point où l'on vise. Viser un but avec une flèche.

Optique : Qui a rapport à la vision, à l'optique. Job 32 : 7 - 9

" 7 Je disais en moi-même : Les jours parleront, Le grand nombre des années enseignera la sagesse. 8 Mais en réalité, dans l'homme, c'est l'esprit, Le souffle du Tout-Puissant, qui donne l'intelligence ; 9 Ce n'est pas l'âge qui procure la sagesse, Ce n'est pas la vieillesse qui rend capable de juger."

Job 33 :

"L'esprit de Dieu m'a créé, Et le souffle du Tout-Puissant m'anime."

L'intellect : Faculté de connaître, de comprendre.

L'intelligence : L'âme, l'esprit, la raison, la pensée. Qualité de l'esprit qui comprend et s'adapte facilement.

La raison : Faculté pensante et son fonctionnement. Permet à l'homme de juger, de connaître, d'agir conformément à des principes.

La pensée : Ce qui affecte la conscience, la réflexion. Nous protégeons notre tête, notre entendement contre Satan, mais nous en donnons aussi le contrôle à Jésus.

Nous revêtons la même pensée.

1Pierre 4 :1

La pensée de Christ : l'amour, le pardon, la charité, la douceur, la tempérance, le contrôle de soi...

Nous arrêtons de pécher et nous nous purifions comme il est pur.

1Jean 3 : 3

Nous ne pouvons avoir des pensées charnelles et spirituelles.

Chaque jour, nous devons concentrer notre esprit sur Jésus et renouveler notre entendement par la parole, en ne laissant aucune place au diable.

Ephésiens 4 :23-27

Dans le commentaire biblique du nouveau testament, nous trouvons l'explication suivante :

Le casque que Dieu pourvoit est le salut. Plusieurs commentateurs comprennent par cette notion du casque du salut, l'assurance, la confiance, la victoire que Dieu accorde à ses enfants malgré les temps difficiles.

Cette conception me semble évidente lorsqu'on sait à quel point un soldat ou un motocycliste se sent en confiance quand il porte son casque.

Le casque du salut est donc l'assurance en l'œuvre salvatrice, la confiance en la bonté de Dieu et l'espérance de la victoire qu'il nous accorde dans n'importe quelle situation.

3- Pourquoi avons-nous besoin ?

Comme le casque protège le motocycliste en cas des chutes, de collision, le casque du salut peut être aussi pour nous un rempart lorsque surviennent les intempéries comme le découragement, la dépression.

Il nous arrive parfois d'être envahi par des mauvaises pensées, notamment de doute, de peur, d'incrédulité, etc.

Le casque du salut est donc une arme à utiliser pour faire face à ces attaques.

Tu te poses sûrement la question de savoir comment s'y prendre concrètement ?

Alors, il faut tout simplement rejeter les pensées défaitistes, impures, et proclamer les promesses de Dieu pour toi.
A cet effet, l'usage de l'épée de l'Esprit qui est la parole de Dieu devient une évidence.

4- Ajuste bien ton casque du salut
Certains chrétiens vivent encore dans la confusion et le doute par rapport au salut.

Il est important de rester ferme sur ce que Dieu déclare, car Il ne peut renier Sa Parole :
L'Éternel est le même hier, aujourd'hui et éternellement. Même si nous Le renions, Il

ne peut pas nous renier car Il demeure fidèle.

Sers-toi de la Parole de Dieu pour ajuster ton casque du salut.

Ces deux armes sont intimement liées, pour diriger nos pensées pieusement, quand le diable viendra avec des pensées négatives, les rejetés pour garder les positives.

Conscients que nous sommes libérés des péchés, du passé, du présent, et qu'un jour nous serons définitivement libérés de cela, alors nous pourrons avancer avec une pleine assurance sous le regard aimant du Christ.

Ésaïe 59 : 17

"Il se revêt de la justice comme d'une cuirasse, Et il met sur sa tête le casque du salut ; Il prend la vengeance pour vêtement, Et il se couvre de la jalousie comme d'un manteau."

Philippiens 4 : 8 - 9

"8 Au reste, frères, que tout ce qui est vrai, tout ce qui est honorable, tout ce qui est juste, tout ce qui est pur, tout ce qui est aimable, tout ce qui mérite l'approbation, ce qui est vertueux et digne de louange, soit l'objet de vos pensées. 9 Ce que vous avez appris, reçu et entendu de moi, et ce que vous avez vu en moi, pratiquez-le. Et le Dieu de paix sera avec vous."

- 6ème Armes La parole de Dieu.

La parole de Dieu est l'épée du Saint Esprit.
C'est une arme centrale offensive et défensive. Ça nous permet d'attaquer l'ennemi ; elle nous défend contre quelconque assaut de l'adversaire.
Nous devons lire la Bible, fréquemment pour avoir la connaissance, de la manière dont l'ennemi se déguise en brebis, pour nous piéger et avoir la force de le vaincre.

Le Seigneur jésus Christ a repoussé le tentateur trois fois de suite à cause de la parole qui était en lui, car lui-même est la parole.

Cette parole nous guide tout au long de notre vie terrestre.

Christ est le pain vivant, l'incontournable pour recevoir la vie éternelle.

Jean 6 : 48-59 À médite.

Pour vaincre le diable nous avons besoin de cette puissance surnaturelle que Dieu nous donne à travers son Esprit, qui demeure en nous et qui protège notre armure.

Pour l'avoir il faut :

- Être en Jésus Christ
- Connaître son Autorité
- Avoir une foi ferme à sa Parole.

L'Avertissement :

1 Pierre 5 : 8

" soyez sobres, restez vigilants : votre adversaire, le diable, rode comme un lion rugissant, cherchant qui dévorer."

Le lion attaque les animaux malades, jeune ou isolés ; il choisit des victimes seules ou trop lentes.

Pierre nous avertit de nous méfier de Satan quand nous souffrons ou subissons la persécution.

Lorsque nous nous sentons seuls, faible, impuissants et isolés des autres chrétiens, nous nous focalisons sur nos problèmes et nous oublions de nous méfier du danger.

C'est alors nous sommes particulièrement vulnérables aux attaques de Satan.

Quand nous traversons des temps d'épreuve, cherchons le soutien des autres chrétiens.
Gardons nos yeux fixés sur Christ, résistons au diable, et il fuira loin de nous.

Jacques 4 : 7

Quand le découragement nous envahit, souvenons-nous de cette parole du Seigneur Jésus Christ déclaré à Pierre en

Matthieu 16 : 18.

Ne Jamais Être Intimidé par le diable.
Nous ne devons pas être préoccupé ou impressionné par le diable, ses démons, ou ses machinations.

Plutôt, nous devons nous occuper de notre intimité avec le Seigneur Jésus Christ.

Quand nous gardons nos yeux sur Lui, nous prenons conscience de qui nous sommes en Lui.

Quand nous prenons conscience de notre autorité restaurée à travers Christ, la confiance grandira dans notre esprit. Nous ne serons pas intimidés par le diable et ses manigances.

CHAPÎTRE DIX
SAISIR LA VIE ÉTERNELLE.

1 Timothée 6 : 11
"Pour toi, homme de Dieu, fuis ces choses, et recherche la justice, la piété, la foi, la charité, la patience, la douceur. 12 Combats le bon combat de la foi, saisis la vie éternelle, à laquelle tu as été appelé, et pour laquelle tu as fait une belle confession en présence d'un grand nombre de témoins."

Par définition saisir c'est :

Prendre quelque chose avec la ou les mains, d'un mouvement rapide, pour le tenir ou s'y retenir fermement : Saisir un bâton pour se défendre.

Saisir la main de quelqu'un.
Le Seigneur est venu sur la terre pour donner la vie éternelle à tous ceux qui croient en lui Jean 3 : 36.

Comme il a déclaré, en disant :
Moi, je suis le chemin, la vérité, et la vie.

Jean 14 : 6

En acceptant Jésus Christ par la foi Dieu nous offre le salut, Et nous avons reçu la vie éternelle.
Dieu nous a donné la vie éternelle, et cette vie est dans son Fils.1 Jean 5 : 11

La question est posée : avez-vous la vie ?
Laquelle, et par qui ?

En dehors du Seigneur Jésus Christ, il n'y a pas la vie, pour avoir la vraie vie il faut être en Jésus Christ, car nous vivons par lui et pour lui.

Timothée était pourtant exhorté par l'apôtre Paul à saisir la vie éternelle pour laquelle il avait été appelé.

Certes, il possédait déjà une vie en abondance donnée par le Seigneur Jésus Christ.

Mais en s'adressant ainsi à Timothée, Paul l'engage à veiller sur cette vie qui est essentielle que toutes les autres choses, de ne pas la perdre ; afin de goûter cette vie dans sa plénitude glorieuse.

Paul ne voulait pas que son fils passe à côté de cette belle opportunité, de vivre dans la gloire avec Le Seigneur Jésus Christ.

Marc 8.36

" Et que sert-il à un homme de gagner le monde entier, s'il perd son âme ? "

Le péché nous empêche de saisir cette vie, car pour la saisir, il faut l'avoir ; mais si nous vivons dans le péché, en dehors de Christ, nous n'aurons pas accès à cette vie de gloire éternelle.

La vie éternelle est en Christ et elle nous attend en lui.

Jean 10 : 9 - 10

" 9 Je suis la porte. Si quelqu'un entre par moi, il sera sauvé ; il entrera et il sortira, et il trouvera des pâturages. 10 Le voleur ne vient que pour dérober, égorger et détruire ; moi, je suis venu afin que les brebis aient la vie, et qu'elles soient dans l'abondance."

L'apôtre place donc cette vie devant nous comme un but à saisir par la foi en Jésus-Christ, afin qu'on vive dans la gloire éternelle.

La vraie vie ne se trouve pas dans tous ce que l'homme possède, ce n'est pas dans les biens matériels ou bien dans les plaisirs que l'argent peut procurer, mais dans la connaissance de Jésus Christ comme ton Seigneur et ton Sauveur personnel.

Tous ce que nous possédons, la vie physique, les biens matériels, financiers, ça restera et passera, mais la vie que nous avons en Christ restera et il nous fera vivre la gloire de Dieu.

Avons-nous saisi ce qu'est vraiment la vie ?

Notre marche journalière en donne-t-elle la preuve devant tous ?

Si nous nous focalisons sur ce qui est essentiel, au lieu de mettre notre confiance sur ceux qui périssent, c'est - à - dire, nos richesses, nos valeurs matériels, qui servira les autres après notre vie sur la terre ; mais de s'accrocher au Seigneur Jésus Christ.

Lui est le Dieu véritable et la vie éternelle.
1Jean 5 : 20

Christ se donne pour nous, afin de condamner le péché qui nous éloignait de

Dieu, et il nous conduit dans le chemin de la vie, qu'il a préparé pour nous, pour que nous soyons avec lui.

La poursuite de notre but sur la terre qui est essentiel de tous ce que nous faisons et de tous ce que nous pouvons avoir dans ce monde.

C'est ça qui nous permet de bien vivre notre destinée avec le Seigneur Jésus Christ.

Philippiens 3 : 12 - 14

"12 Ce n'est pas que j'aie déjà remporté le prix, ou que j'aie déjà atteint la perfection ; mais je cours, pour tâcher de le saisir, puisque moi aussi j'ai été saisi par Jésus-Christ. 13 Frères, je ne pense pas l'avoir saisi ; mais je fais une chose : oubliant ce qui est en arrière et me portant vers ce qui est en avant, 14 je cours vers le but, pour remporter le prix de la vocation céleste de Dieu en Jésus-Christ."

L'Apôtre nous montre que son but est de connaître le Seigneur Jésus Christ, de lui ressembler et de se faire parfaitement Un avec son plan pour sa vie.

Cet objectif absorbe toute son énergie et lui permet d'être focalisé sur son objectif principal et de son appel.
Il représente un excellent exemple pour nous.

Ne laissons rien détourner nos regards du but :
- **Connaître Christ**
- **Avoir la détermination d'un athlète.**
- **Rester efficace dans la prière, nous permet de garder la sanctification et la présence de Dieu dans nos vies et la force nécessaire d'avancer.**
- **Mettons de côté tout ce qui est**
nuisibles ou nous empêchent de vivre une vie chrétienne paisible et fructueuse.

Poser vous la question de savoir, s'y a- t-il quelque chose qui vous détourne actuellement de cet objectif ?

Paul a de bonnes raisons d'oublier le passé : c'était lui qui gardait les vêtements de ceux qui lapidaient Etienne, le premier martyr chrétien et celui qui persécute l'Église.

Actes 7 : 57- 58
Actes 8 : 1-

Tous, nous avons commis des actes dont nous avons honte, et nous vivons une tension entre ce que nous avons été et ce que nous désirons être.

Puisque notre espoir réside en Christ, nous pouvons oublier la culpabilité passée et nous réjouir à l'avance de ce que Dieu nous aidera à devenir.

Ne nous attardons pas sur notre passé, grandissons plutôt dans la connaissance de Dieu ; en nous concentrant sur notre relation avec lui dès maintenant.

Puisque nous sommes pardonnés, progressons dans notre vie de foi et d'obéissance.

L'espérance que nous avons en Christ est la garantie d'une vie épanouie et pleine de sens.

QU'EST- CE QUE CHRIST ATTEND DE NOUS

Luc 9 : 62

"Jésus lui répondit : Quiconque met la main à la charrue, et regarde en arrière, n'est pas propre au royaume de Dieu."

Le Seigneur attend de nous :

- **Un engagement total**
- **Un cœur non partagé.**

Nous ne pouvons pas prendre quelques idées par-ci par-là dans son enseignement et le suivre quand cela nous chante ; il faut accepter la croix aussi bien que la couronne.

Il s'agit de calculer les coûts et d'être prêts à renoncer à tout ce qui nous a procuré un sentiment de sécurité, sans regarder en arrière.

Si Jésus Christ est au centre de nos préoccupations, plus rien ne devrait nous distraire et nous empêcher de le suivre ; ni de se focaliser sur ce qui est essentiel.

Merci beaucoup pour votre intérêt à l'égard de cet ouvrage,
Tout en espérant avec foi, que ce besoin de la connaissance de soi et l'énergie de se focaliser sur l'essentiel, prime désormais en nous ; car tout est possible à celui qui a compris, "qui il est".

Que le Dieu de gloire soit adoré pour cette œuvre.

Que la paix de Christ, sa faveur et sa bénédiction soit sur tout un chacun de vous et de vos familles…
Á très bientôt pour une prochaine édition.

Rév. Pasteur Bajicky Joël Israël